| BLOG | 블로그 글쓰기 🔍 |

Start up 시리즈
블로그 글쓰기
나만의 콘텐츠로 성공하기

아티오
ArtStudio

Start up 시리즈
블로그 글쓰기
나만의 콘텐츠로 성공하기

2021년 5월 10일 초판 인쇄
2021년 5월 20일 초판 발행
2021년 12월 10일 2판 발행

펴 낸 이	김정철
펴 낸 곳	아티오
지 은 이	남시언
마 케 팅	강원경
기획·진행	김미영
디 자 인	김지영
전 화	031-983-4092
팩 스	031-696-5780
등 록	2013년 2월 22일
정 가	14,000원
홈페이지	http://www.atio.co.kr

* 아티오는 Art Studio의 줄임말로 혼을 깃들인 예술적인 감각으로 도서를 만들어 독자에게 최상의 지식을 전달해 드리고자 하는 마음을 담고 있습니다.
* 잘못된 책은 구입처에서 교환하여 드립니다.
* 이 책의 저작권은 저자에게, 출판권은 아티오에 있으므로 허락없이 복사하거나 다른 매체에 옮겨 실을 수 없습니다.

| BLOG | 프롤로그 ▼ 🔍 |

　여러분이 만약 블로그로 한 달에 50만 원을 벌 수 있다면, 월세 50만 원짜리 원룸 하나를 가진 것과 같다. 만약 100만원이라면, 월세 50만 원짜리 원룸 두 채를 가진 것과 같은 효과가 난다. 여기에는 재산세도 없고 취·등록세도 없다. 물론 리스크는 있다. 치열하게 경쟁해야 하고 콘텐츠를 꾸준하게 생산해서 양질의 정보를 공유해야 하며 귀차니즘을 이겨내고 시간 관리를 잘 해야 한다. 블로그는 소자본으로 시작할 수 있는 데다가 자신의 능력과 실력, 캐릭터 등 다양한 요소를 활용할 수 있다는 점이 매력이다. 시드머니(seed money)가 많지 않은 젊은이들에게 특히 좋은 비즈니스용 플랫폼이라고 할 수 있다. 만약, 운이 좋거나 더 열심히 활동한다면, 수익은 늘어난다. 그러나 안타깝게도 사람들은 이렇게 확장된 개념으로 생각하지 않는다.

　무조건 돈을 목적으로 블로그를 해야 한다는 뜻은 아니다. 자기가 좋아하는 주제로 블로그를 운영하는 와중에 부가적으로 돈까지 얻을 수 있다는 의미다. 실제로 블로그 자체에서 얻을 수 있는 수익은 크지 않다. 여러분의 전문성이 블로그 밖에서 발휘될 때 얻는 수익이 훨씬 크다. 블로그는 그 기회를 만들어주는 도구로 접근해야 한다.

　콘텐츠 크리에이티브에서 이러한 개념의 확장은 대단히 중요한 요소다. 돈과 관련되지 않은 콘텐츠는 무의미하다. 대부분의 콘텐츠가 돈과 연결되어 있으며, 순수한 콘텐츠 중 대부분이 이익을 목적으로 만들어진다. 비용은 콘텐츠를 더 훌륭하게 만드는 강력한 동기이며, 이런 동기부여에 의해 우리는 훌륭한 정보를 인터넷상에서 쉽게 찾아볼 수 있게 되었다.

머리로 알고 있는 것과 실제 행동은 다르다. 위에서 이야기한 확장된 개념을 이해했거나 누군가에게서 듣고 수긍했다고 하더라도, 그걸 실제 행동으로 옮기는 건 또 다른 문제다. 대부분의 사람이 블로그로 월세를 벌 수 있다는 사실을 알고 있다고 할지라도, 블로그에 시간을 투자하기보다는 부동산을 알아보거나 월 배당을 주는 리츠에 투자하는 게 더 낫다고 생각하는 경향이 있다. 왜냐하면, 그쪽이 훨씬 마음 편하고 직접적이기 때문이다.

그러니까 결국에 콘텐츠라는 건 눈에는 보이지만, 실물은 존재하지 않는 가짜일 뿐이고 2진수로 된 데이터이므로 실물로 전해지는 가치에 따른 직접적인 경험은 많지 않다. 입주민이 꽉 들어찬 원룸 건물을 직접 눈으로 보는 것과 블로그에 숫자로만 표시되는 광고비를 보는 건 다르다. 전자 쪽이 훨씬 직접적이고 사람을 흥분하게 만든다. 후자 쪽은 감동 없이 미지근하고 며칠 뒤면 잊어버린다.

자신의 시간을 투자하는 사람들이 블로거다. 여러분이 지금 당장 블로그를 시작하지 않더라도 삶은 달라지는 게 거의 없을 것이다. 하지만 직장에 아침 일찍 출근하지 않는다면 삶은 조금 달라진다. 따라서 콘텐츠 업계에는 항상 소비자는 많고 생산자는 적다. 5분 동안 읽을 수 있는 블로그 글을 쓰기 위해서는 못해도 50분은 투자해야 한다. 보는 건 쉽고 쓰는 건 어렵다. 이건 모든 콘텐츠 플랫폼에서 똑같다. 편안함과 귀찮음을 포기할 수 없다면, 콘텐츠 생산자로서의 전환은 불가하다.

'글'은 누구나 쉽게 도전할 수 있는 대표적인 콘텐츠이며 어떤 정보를 전달할 때 대단히 효율적이기도 하다. 여러분이 유튜브를 시작하기 위해서는 다양한 장비들과 소품을 준비해야 한다. 블로그는 그렇지 않다. 스마트폰 또는 컴퓨터, 그리고 시간이 필요한 준비물의 전부다.

덕후가 성공하는 시대다. 자신만의 전문성을 자신만의 콘텐츠로 풀어낼 수 있다면, 우리가 가질 기회와 가능성은 무궁무진하다.

| BLOG | 목차 ▼ 🔍 |

- 프롤로그 · · · · · · · · · 5

PART 1   다시, 블로그 글쓰기를 해야 하는 이유

- 당신을 위한 최고의 에듀테인먼트 · · · · · · · 10
- 블로그로 전문가 콘텐츠를 가지는 법 · · · · · 15
- 블로그 재능이 필요할까? · · · · · · · 20
- 과거를 기록하여 미래를 개척하기 · · · · · · 26
- 블로그의 주제는 한 가지가 좋을까? · · · · · 30
- 글 쓰는 블로거가 성공하는 이유 · · · · · · 36
- 자신감을 갖고 글쓰기 · · · · · · · · 42
- 남들이 아닌 자신이 원하는 글을 쓰자 · · · · · 48
- 블로그 글과 신문 기사의 차이점 · · · · · · 53
- 블로그를 하지 않을 이유 찾아보기 · · · · · · 58
- 블로그로 얻을 수 있는 것들 · · · · · · · 63

PART 2   블로그 글쓰기에도 나만의 스타일이 필요

- 콘텐츠의 스타일 · · · · · · · · · 70
- 네이밍의 중요성 · · · · · · · · · 75
- 제목을 짓는 요령 · · · · · · · · · 79
- 작가들이 글을 쓰는 방법 · · · · · · · 84
- 사람들은 스토리에 반한다 · · · · · · · 90
- 장비와 성능보다 중요한 것 · · · · · · · 94
- 창의성은 실력에서 나온다 · · · · · · · 100
- 간단하고 명료한 콘텐츠 만들기 · · · · · · 104
- 프로가 되려면 기본기를 갖춰라 · · · · · · 109
- 콘텐츠는 무료가 아니다 · · · · · · · 114

BLOG
PART 3 독자를 유혹하는 블로그 글쓰기 훈련

- 글쓰기와 필사의 관계 · · · · · · · · · · · · · 122
- 경어체 VS 평어체 · · · · · · · · · · · · · · · 127
- 블로그 글쓰기 목표 세우기 · · · · · · · · · 133
- 잠자기 30분 전, 블로그 글쓰기 훈련 · · · · · 139
- 블로그 글쓰기 재료 모으기 1 – 메모 · · · · · 145
- 블로그 글쓰기 재료 모으기 2 – 독서 · · · · · 152
- 블로그 글쓰기 재료 모으기 3 – 개인 데이터베이스 구축 · · 158
- 블로그 글이 정말 안 써질 때 해볼 만한 3가지 방법 · · · 167
- 상상력을 발휘하는 글쓰기 · · · · · · · · · · 173
- 구체적으로 쓰기 · · · · · · · · · · · · · · · · 177
- 의무적인 글쓰기를 벗어나기 · · · · · · · · · 183
- 파워풀한 글을 쓰는 방법 · · · · · · · · · · · 194

BLOG
PART 4 블로그 글쓰기 유형별 전략

- 첫인상으로 사로잡는 블로그 포스팅 방법 · · · · · · 200
- 블로그에 최적화된 포스팅 구성 · · · · · · · 206
- 블로그에서 사진 활용 전략 · · · · · · · · · · 216
- 블로그용 사진 비율 최적화 · · · · · · · · · · 225
- 블로그 글쓰기 TIP – 리뷰 · · · · · · · · · · · 233
- 블로그 글쓰기 TIP – 현장 스케치 · · · · · · 238
- 블로그 글쓰기 TIP – 스토리텔링 · · · · · · · 243
- 블로그 글쓰기 TIP – 인터뷰 · · · · · · · · · · 248

BLOG
PART 5 블로그 세계에 퍼져있는 잘못된 소문들

- 블로그에 퍼져있는 잘못된 소문들의 원인 · · · · · · · 252
- 마케팅 글을 쓰면 저품질 블로그가 된다? · · · · · · 258
- 깨끗한 IP 주소가 필요하다? · · · · · · · · · 263
- 글을 수정하면 검색 노출이 안 된다? · · · · · 266
- 최적화 블로그 · · · · · · · · · · · · · · · · · 269
- 블로그는 꾸준하게 활동해야 한다 · · · · · · 273

BLOG
부 록

- 에필로그 · 278
- 블로그를 예쁘게 꾸밀 수 있는 다양한 도구들 · · · · · 280

PART 01

다시, 블로그 글쓰기를 해야 하는 이유

당신을 위한
최고의 에듀테인먼트

　이제 여러분을 위한 최고의 에듀테인먼트를 소개한다. 이것은 당신을 성공으로 이끌어주며, 당신이 원하는 것을 빠르게 얻도록 도와준다. 또한, 멋진 미래를 상상하게끔 해주며, 지금껏 경험해보지 못했던 너무나도 멋진 체험을 선물하는 강력한 도구다. 그 주인공은 바로 블로그 글쓰기다.

　블로그 글쓰기는 정말로 유용하다. 우리가 익히 알고 있는 것처럼 글쓰기는 쉽지 않으며, 시간도 많이 투자해야 한다. 키보드 앞에 가만히 앉아 있는다고 해서 글이 자동으로 나오지 않는다. 많은 생각과 고민이 동반된다. 한마디로 블로그와 글쓰기는 아주 골치 아픈 녀석이다. 역설적이게도 그렇기 때문에 블로그와 글쓰기가 더욱 가치 있다. 여러분을 다른 사람들과 차별화시켜주기 때문이다. 흔히 생각하는 것처럼, 블로그라면 당연히 '글'이 바탕이 되어야 하고, '글'이 바탕이 되려면 글을 써야 한다는 사실은 진실이 아니다. 모든 블로거가 글을 쓰는 것은 아니다. 실제로 많은 사람이 블로그를 운영 중이지만, 진짜 글을 쓰는 블로거는 소수다. 어떤 블로그에서는 인터넷 정보를 짜깁기하여 포스팅하는 방법을 쓴다. 한마디로, 공유된 정보들을 조금씩 붙여서 하나의 포스트를 완성한다. 또 다른 블로거는 인터넷 정보를 고스란히 복사/붙여넣기 하여 포스팅 한다. 어떤 블로그에는 달랑 사진 한 장만 있기도 하고, 동영상 위주로 포스트를 완성하는 블로거도 많다.

글쓰기의 사전적 의미를 보면 '생각이나 사실 따위를 글로 써서 표현하는 일'이라고 명시되어 있다. 따라서 여러분의 블로그에는 자신만의 경험이나 생각이 집약된 아주 주관적인 내용들이 가득 차야 한다. 이건 자신의 글이며, 어느 것과도 같지 않다. 단순 사실 정보만을 전달하는 것은 누구라도 할 수 있다. 초등학생도 약간의 훈련만 하면 정보 전달을 잘 할 수 있다. 그러나 자기 생각을 정리하여 적어나가고, 자료를 취합하고 그동안 겪었던 경험을 기록하면서 다른 사람들에게 도움을 주는 일은 아무나 할 수 있는 것이 아니다. 우리가 만나는 모든 블로그에 사전적 의미의 '글'이 있는 건 아니다.

수 년 동안 블로그를 운영하면서 비록 온라인상이지만, 진짜 '글'을 쓰는 블로그들의 성공사례를 많이 접할 수 있었다. 처음에는 의아했다. 아니, 블로그 하나만으로 삶이 바뀌고, 비즈니스로 연결되고, 돈을 벌고, 책을 출간하고, 나중에는 그 사람의 인생까지 바꾼다는 게 정말 현실성이 있을까? 그러나 얼마 후, 그 이유를 알게 되었다. 내가 직접 비슷한 경험을 할 수 있었기 때문이다. 그것도 연속으로!

블로그와 글쓰기는 당신을 위한 최고의 에듀테인먼트다. 인터넷을 조금만 검색해보면, 블로그를 통해 성공한 사람들을 쉽게 발견할 수 있다. 사상 최고의 취업난에 블로그를 통해 취업하고, 블로그에 글을 썼을 뿐인데 꿈만 같은 저서를 출간하고, 블로그에 글을 쓰면서 자신이 좋아하는 일을 찾아 성공하고, 그것도 아니라면 블로그 글쓰기를 통해 여유와 홀가분함을 느끼며 스트레스를 해소한다. 블로그에 글을 쓰면서 자기도 모르게 자기계발이 되어 정신을 차리고 보니 자신이 원하는 것을 가지고 있었다는 사람도 많다.

자신의 생각을 되돌아보기

여러분이 만약 블로그를 개설하고 꾸준히 글을 써나가기 시작한다면, 수 개월 안에 자신이 누구이며, 무엇을 잘하고 못하는지를 파악할 수 있다. 또한, 숨겨진 내면의 모습을 볼 수 있으며, 자신의 아이디어나 생각이 얼마나 멋진 것이었는지를 눈으로 똑똑히 볼 수 있다. 이것은 엄청난 성과다. 한마디로 블로그에 글을 쓰는 것은 생각이 투영된 거울이라 할만하다. 우리는 살아있는 동안 자신의 몸 중 하나인 두뇌를 두 눈으로 볼 기회가 거의 없다. 이 얼마나 안타까운 일인가! 그러나 추상적이던 생각들은 블로그에 글로 쓰면, 반영구적으로 볼 수 있다. 블로그 글쓰기가 다른 에듀테인먼트와 다른 점은, 정답이 없다는 것이다. 예를 들어, A와 B라는 사람의 토익 점수가 모두 750점이라고 생각해보자. 둘 중 누가 영어를 잘할까? 둘의 실력은 비슷할 것이라고 쉽게 예측할 수 있다. 보편화 된 수치로는 절대로 자신만의 독특함을 내세울 수 없다.

블로그는 어떨까? 가령, A와 B라는 사람은 블로그를 가지고 있다. 그리고 글을 100개씩 썼다. 누가 어떤 글을 썼으며 누가 더 많은 아이디어와 전략을 쓰고 있을까? 블로그에 들어가서 직접 보면 된다. 하지만 정답은 없다. 따라서 누가 더 훌륭한지를 판단하기란 쉽지 않으며, 단순히 취향에 따라 평가가 달라질 수도 있다. 글에서는, 글쓴이의 개성을 아주 노골적으로 볼 수 있기 때문에 수치보다 훨씬 더 그 사람을 파악하기 쉬워진다. 따라서 개성 있는 사람일수록 자신의 독특함을 그 무엇보다 확실하게 보여줄 수 있다.

블로그 글쓰기 = 자기계발 + 재미

블로그 글쓰기에 에듀테인먼트라는 단어를 붙인 이유는, 교육적인 측면(자기계발 등)과 재미(홀가분함, 여유 등)를 동시에 느낄 수 있기 때문이다. 누구나 한 번 정도는 오락을 즐길 마음으로 영화를 보고, 게임을 하고, 술을 마시고, TV 예능 프로에 빠져서 종일 시간을 보낸 적이 있을 것이다. 물론 이런 유흥이나 휴식은 삶을 살아갈 때 꼭 필요하며 재충전의 경험을 선사한다. 문제는 머릿속의 생각에 있다. 유흥이나 휴식을 즐길라치면, '일해야 되는데…' 또는 '공부해야 되는데'같은 잡생각 때문에 놀긴 놀았는데, 놀지 않은 것 같은 기분을 경험한 적이 있을 것이다. 즉, 몸은 휴식했으나 머릿속은 휴식하지 못한 상태가 발생한다. 왜 이런 현상이 나타날까? 바로 교육과 재미가 분리되어 있기 때문이다. 블로그 글쓰기는 교육과 재미가 결합되어 있다. 따라서 블로그에 글을 쓰는 것 자체가 휴식이나 오락이며 그것 자체로 많은 공부가 자연스럽게 이뤄지도록 시스템화 할 수 있다.

요즘 같은 콘텐츠 시대에는 차별화가 생명이다. 자기 자신을 차별화하기 위해 지금껏 무엇을 해왔는지 생각해보자. 자신이 남들과 차별화될 수 있는 점을 단 한 가지만 말해보라고 묻는다면 대답할 수 있을까? 만약 없다면 블로그 글쓰기를 통해 남들은 따라오지 못할 경지에 올라설 작전을 세워보자.

1. 블로그는 다른 사람과 나를 차별화하는 도구다.
2. 블로그에는 자신만의 글을 써야 한다.
3. 블로그를 활용하면 자기 개발과 재미를 동시에 얻을 수 있다.
4. 콘텐츠 시대에는 차별화가 생명이다.

블로그로
전문가 콘텐츠를 가지는 법

여러분이 특정 분야에 대한 글을 블로그에 쓴 후 발행한다는 것은 그 주제에 대한 내용에서만큼은 전문성이 있음을 뜻한다. 만약 해당 분야에 대해 전문성이 없다면 절대로 블로그에 글을 쓸 수 없기 때문이다. 아는 것도 없고, 남들에게 알려주고 싶은 것도 없는데 어떻게 블로그에 글을 쓸 수 있을까?

블로그를 가지고 있고, 또 블로그에 글을 잘 쓰고 남들에게 더욱더 좋은 정보를 제공함으로써 상호 간에 도움이 되는 프로세스를 꿈꾼다면 확실히 프로페셔널이라 할 수 있을 것이다. 대중들은 특정 책의 저자를 전문가로 여긴다. 가령, 여행에 관한 책을 저술한 사람은 여행 전문가로 인정받는다. 책을 쓴다는 것은 그만큼의 전문성을 바탕으로 많은 메시지를 녹여내어 독자들에게 전달해야 하고, 치열한 출판시장에서 살아남기 위해 획기적인 아이템을 갖고 있어야 하며, 그 누구보다 해당 분야에 대한 이해도가 높다는 것을 의미한다. 블로그 글쓰기도 책 쓰기와 다르지 않다. 따라서 책 쓰기의 기초 작업이라 할 수 있는 블로그 글쓰기를 하는 당신은 전문가라고 부르기에 부족함이 없다.

전문가의 콘텐츠

<u>블로그는 일종의 그릇이다.</u> 이 그릇은 여러분이 쓴 글로 채워진다. 아무것도 없는 공간에 자신만의 생각이 채워져서 눈으로 보이는 유형의 콘텐츠가 탄생한다. 전문가는 항상 연구하고, 고민하고, 생각하고, 훈련하는 사람이라 할 수 있는데, 블로그에 글을 쓰는 작업은 연구, 고민, 생각, 훈련 모두를 아우른다. 따라서 블로그에 글을 꾸준하게 쓰는 사람은 특정 분야의 전문가가 될 가능성이 매우 높다. 처음에는 아닐지라도 시간이 지나면 자연스럽게 전문가로 변모한다. 해당 주제를 깊숙하게 파고들어 연구하고, 자료를 수집하고, 기록하고, 다른 사람들의 의견을 들으면서 수정하고 보완해 나가는 일을 하는 사람이 전문가가 되지 못할 아무런 이유가 없다. 이런 점으로 미루어볼 때 블로그는 여러분을 전문가로 만들어준다.

만약 절대로 전문가가 되고 싶지 않다고 할지라도 블로그를 지속한다면 여러분은 어느새 전문가가 되어버린다. 따라서 특정 분야에 전문가가 되는 것이 죽기보다 싫은 사람이 있다면 절대로 블로그를 해서는 안 된다.

다음 소개 글을 살펴보자.

> '3년 연속 '여행'분야 파워블로거'
> '하루 5천 명 이상이 방문하는 패션블로거'
> 'TV출연 다수, '요리 잘하는 법'외 저서 2권을 가진 요리블로거'
> 'IT 및 미디어 분야 최고 인기 블로거'

만약 이런 타이틀을 가진 사람이 전문가가 아니라면 누가 전문가란 말인가? 전문가란 타이틀은 그렇게 쉽게 얻을 수 있는 게 아니지만, 그렇다고 영원히 접근할 수 없는 타이틀도 아니다. 챔피언 배지는 여러 개다. 소비자들은 정말 많은 분야에서 전문가를 필요로 한다.

세상에서 최고로 잘해야만 전문가가 되는 것도 아니다. 특정 분야에 관심이 많고 다른 사람들에게 전달하고 싶은 메시지를 이야기로 풀어낼 능력만 있다면, 그리고 그것을 블로그를 통해 꾸준히 소개할 열정만 있다면 누구라도 전문가가 될 수 있다. 여러분이 세상에서 노래를 가장 잘 부른다고 할지라도, 그 어디에서도 여러분의 노래를 들을 수 없다면, 가수로 인정받긴 불가능하다. 인터넷상에서 쉽게 접근할 수 있는 곳에 자신의 콘텐츠를 노출하는 게 어느 때보다 중요한 시대다.

꼭 파워블로거 배지가 있어야만 전문가라고 인정받는 것도 아니다. 파워블로그 배지는 없으나 해당 분야를 정말 자세히 알고 있고, 누구보다 좋은 콘텐츠를 가진 전문가들은 얼마든지 있다. 이런 사람들은 배지보다도 귀중한 콘텐츠(블로그 글)를 축적해 두었기 때문에 전문가가 된 것이다. 혹은 정말 업계에서의 전문가들이 블로그를 하는 경우도 많다. 이 케이스는 자신의 전문성을 좀 더 보편화하고 널리 알릴 목적도 있고, 자신의 사업을 확장하는 데 도움이 될 때도 있다.

여러분이 만약 블로그 글쓰기를 통해 전문가가 되고 싶다면, 쉽게 말해서 블로그를 운영하고 자신의 전문 분야 혹은 자신의 관심사를 다른 사람들에게 알려주는 작업만으로도 그 분야 피라미드 위에 올라타고 대중들에게 인정받고, 책을 출판하고, 강연 장소에 섭외 받길 원한다면, 확실한 콘텐츠를 축적하기 위해 계속해서 글을 써야 한다. 검색창에 '블로그 방문자 늘리는 법' 같은걸 검색할 시간이 있으면 차라리 그 시간에 단 몇 줄의 글이라도 더 써야 한다. 언제나 직접 작성한 글은 더 좋은 콘텐츠가 되어야 한다. 콘텐츠가 빈약한 상태에서 '기술'이나 '기법'만 연마해서는 아무것도 얻지 못한다.

전문가란 누구인가?

태어날 때부터 전문가인 사람은 없다. 어떤 방식으로든 연구하고, 공부하고, 학습하고, 다른 이와 소통해야 한다. 진짜 전문가란 그런 사람이다. 따라서 자신의 블로그에 꾸준히 특정 분야에 대해 글을 쓰고 연구한다면 여러분도 남 부럽지 않은 전문가가 될 수 있다.

예전에는 학위를 따거나 자격증을 취득하거나 특정 교육 커리큘럼에 참가하여 수료증을 획득해야만 소위 '전문가'로 인정받을 수 있었다. 세상에서 요리를 최고로 잘하는 사람이 단지 오성급 호텔에서 근무한 적이 없다는 사실 때문에 재능을 펼치지 못한다는 건 조금 불합리하다. 누구보다 글을 잘 쓰고 가슴을 울리는 만화를 그리는 젊은 작가가 가정형편이 어렵다는 이유로 해외 유학 경험이 없다 한들 만화를 볼 땐 그런 건 아무도 신경 쓰지 않는다. 만화가는 만화로 이야기하면 된다.

시간을 낭비하는 건 좋은 선택은 아닐 것이다. 다른 사람들이 여러분과 똑같은 전문성을 갖도록 내버려 두지 마라. 여러분은 블로그를 통해 전문성을 확보하는 방법을 이미 알고 있다.

  자기 자신을 전문가라고 생각해보자. 전문가다운 글을 블로그에 써서 공개하자. 무엇보다 독자를 만족시켜야 한다. 어떤 주제를 다루든 블로그에 글을 쓴다면 항상 독자들이 무엇을 원하고, 무엇을 생각하지 못할지 고민해야 한다. 가려운 부분을 긁어주는 데 집중하자. 독자들에게 유용한 정보를 제공하고, 삶에 도움이 되는 핵심을 전달하라. 이것이 여러분이 전문가가 되는 지름길이자 가장 편리한 방법이다.

> 1. 블로그에 글을 쓴다는 건 그 주제에 대한 전문성을 상징한다.
> 2. 블로그는 그릇이고 글로 채워진다.
> 3. 자신만의 콘텐츠를 가진 사람이 전문가다.

블로그에
재능이 필요할까?

왜 그런지는 모르겠지만 다른 예술 활동처럼 '글' 또한 예술로 인식되는 모양이다. 덕분에 글이라는 것이 대단한 재능을 가진 소수의 작가나 전문적인 훈련을 받은 사람들만 쓸 수 있다는 선입견이 강하다. 누군가에게 대뜸 글 좀 써보라고 말한다면, 되돌아오는 대답은 "제가 글을 어떻게 써요…."일 것이다.

두려움 없이 쓰기

오래전의 내가 그랬던 것처럼, 사람들은 글쓰기에 두려움을 느낀다. 여러 가지 원인이 있겠지만, 학교 교육에서부터 작문해보거나 자기 생각을 글로 적기보다는 지문을 읽고 정답을 유추하거나 복잡한 문제를 풀 수 있는 공식을 외우는 것에만 시간을 투자했기 때문일 수 있다. 어쨌든 글쓰기에 사람들이 두려움을 느끼고 어려워한다는 건 엄연한 사실이다. 요즘은 메신저나 인스타그램 같은 SNS를 통해 짧은 단문의 글을 쓰는 것이 일반화되어 있다. 사정이 이렇다 보니, 분량이 조금만 늘어나게 되면 무슨 글을 어떻게 써야 할지 몰라 허둥대는 사람들이 많다. 그러다가 포기한다. 당연히 글쓰기 실력은 늘지 않는다. 세상 모든 일을 처음부터 잘하는 사람은 없다. 글쓰기도 마찬가지로 처음부터 잘하는 사람은 거의 없다. 누구나 습작부터 시작한다. 그런데도 사람들은 처음부터 아주 화려하고 완벽한 글을 써야 한다는 무언의 압박감을 가지고 있는 것처럼 보인다.

필자가 블로그에 처음 썼던 글의 주제는 '길거리에서 파는 된장'이었는데, 지금 읽어보면 쥐구멍에 숨고 싶을 정도로 창피해진다. 오래전에 썼던 글이 창피하다는 뜻은 바꾸어 이야기하면, 지금은 예전보다는 글을 좀 더 세련되게 쓸 수 있다는 걸 증명하는 셈이다. 여러분도 이런 경험을 꼭 해보길 바란다.

만약 여러분이 지금 당장 책을 출판한다거나, 엄청난 독자를 보유하고 있는 신문 지면에 올라갈 칼럼을 써야 한다면, 약간의 긴장감은 필요할 것이다. 맞춤법이나 띄어쓰기, 문맥, 주어 및 동사의 활용 등을 꼼꼼히 점검하고, 수정하고, 또 수정해야 할 테니까. 하지만 자신만의 색깔을 나타내고, 두려움을 전혀 가질 필요가 없고, 재능은 당연히 필요가 없으며, 자기 생각과 느낌 등 모든 것을 글로 풀어 써 볼 수 있는 훈련소이자 이용료도 무료인 플랫폼을 알고 있다. 그렇다. 바로 블로그다. 블로그는 여러분의 글을 세상에 내보일 수 있도록 해주는 첫 단추다.

맞춤법이나 띄어쓰기, 아니면 비문 점검 등은 전문 편집자나 적절한 소프트웨어의 도움을 얻으면, 빠르게 해결할 수 있다. 그러나 장시간 동안 자기 생각을 기록하고, 그것을 토대로 다음 글을 휘갈겨 나갈 수 있는 에너지는 오직 자기 자신만이 해결할 수 있다. 맞춤법이나 띄어쓰기에 대한 악플이 달린다면, 오히려 환영이다. 잘못된 부분을 수정하면 자신의 글이 좀 더 훌륭해진다는 뜻이니까. 그리고 다음부터는 조심하면 된다.

적어도 블로그에 글을 쓸 때는 다른 사람이 어떻게 읽을지, 다른 사람이 어떤 시선으로 이 글을 바라보고, 무슨 생각을 할지는 신경 쓰지 않아도 된다. 어차피 옳고 그름은 상대적이다. 여러분의 글은 그 글 속에 담긴 경험이나 느낌, 메시지로서 가치 판단을 받을 것이며, 다른 사람들에게 도움을 줄 확률이 높다. 이런 노력이 차곡차곡 쌓이면, 그 혜택이 부메랑이 되어 자신에게 되돌아온다.

재능은 필요 없다

태어날 때부터 재능을 타고났다면, 더할 나위 없이 좋았겠지만, 그렇지 않다고 하더라도 블로그에 글을 쓰는 데에는 아무런 지장도 없다. 필자는 블로그를 시작하기 전까지는 제대로 된 일기 한 편 써 본 적이 없다. 그랬던 사람이 어느덧 저서 6권을 가지고, 온갖 매체에 칼럼을 기고하는 사람으로 바뀌었다.

필자는 원고지에 어떻게 글을 써야 하며, 앞칸에 몇 칸을 띄어야 하는지 구체적으로 몰랐었다. 그러나 생각을 정리하여 장시간동안 키보드를 두드리는 방법은 안다. 이것은 마음먹기와 용기에 관련된 부분이기 때문에 단순한 '지식'과는 다르다.

자기 자신에 대한 두려움이 없다면, 자신이 쓰고자 하는 글에 대한 두려움이 없다면, 아주 멋진 글을 순식간에 만들어낼 수 있다. 익숙해지면, 글 쓰는 시간도 줄어든다. 오직 자기 생각과 마음의 소리에 집중한다면, 자신의 머리와 가슴이 토해내는 메시지를 기록하는 동안 시간이 얼마나 빨리 가는지, 그리고 그 느낌이 얼마나 개운한지 경험할 수 있다.

진짜 중요한 일은 두려움을 이겨내는 것이다. 블로그를 시작하면 누구나 멋진 글을 쓰고 싶다고 생각한다. 거기에서 이어지는 행동은 검색창에 '블로그 글 잘 쓰는 법' 같은걸 검색해보는 일이다. 물론 도움이 될 때도 있겠지만, 방법론에 얽매이는 것은 예술이나 창의적인 활동과는 거리가 멀다는 사실을 기억해야 한다. 자신의 블로그에 자신의 글이 올라간다. 그뿐이다. 아무도 여러분을 가르치려 하거나 글쓰기 따위는 때려치우라는 말을 하지는 않을 것이다. 오히려 여러분의 용기에 박수를 보내고, 좀 더 멋진 글을 쓸 수 있도록 조언해 줄 것이다.

아직도 의아하게 생각할지 모른다. 아무리 글을 잘 쓰려고 노력해도 제대로 된 글이 나오지 않는 경우가 있는데, 이것은 두려움이라는 형체도 없는 악마가 방해하고 있기 때문이다.

당신도
쓸 수 있다.

　블로그 글쓰기에서는 두려움을 제거하는 것은 준비운동이라고 할 수 있다. 누군가는 수준 높은 글을 쓸 충분한 역량을 이미 갖추고 있다. 어쩌면 지금 당장 작가로 등단할 레벨인지도 모른다. 지금 당장 짧은 글이라도 직접 써보라. 일기도 좋고, 리뷰도 좋고, 칼럼도 좋고, 그 무엇이어도 좋다. 주제도 상관없고, 필체도 관계없다. 일단 직접 써보시길. 직접 글을 써보면 판단할 수 있다. 그러나 두려움에 사로잡혀 글을 쓰지 않는다면, 아무것도 알 수도, 얻을 수도 없다. 그 무엇도!

　일반적인 글쓰기와 블로그 글쓰기는 약간의 차이점이 있다. 블로그 글쓰기는 더욱더 좋은 글을 쓸 수 있도록 유도해주며, 다른 사람들과 소통하면서 알게 모르게 학습하는 효과를 가져다준다. 또한, 블로그에 글을 쓴다는 것은 네트워크로 연결된 전 세계를 무대로 하는 범지구적 행위인데다가 자신이 주체가 되는 아주 멋진 경험이다. 다이어리에 글을 쓰는 것과는 너무나도 다른 행위이다. 단순한 글이 아니다. 블로그에서 글은 멀티미디어를 활용할 수 있다. 즉, 글 사이에 동영상이나 사진, 파일이나 표를 넣을 수도 있고, 글씨체를 변경할 수도 있으며, 다양한 효과를 줄 수도 있다. 따라서 블로그에 글을 쓰는 일은 자기 생각을 멀티미디어화한다는 것이며, 멀티미디어화된 생각은 콘텐츠가 된다. 앞으로 계속 강조하겠지만 요즘은 콘텐츠의 시대. 콘텐츠를 가지고 있는 사람과 가지지 못한 사람의 차이는 시간이 지난 뒤에 극명하게 갈린다.

블로그를 개설하고 운영만 한다고 해서 모든 운영자가 글을 쓰는 것은 아님을 항상 기억하자. 이제부터라도 제대로 된 블로그 글쓰기에 도전해보자. 일단 조금씩이라도 써본다면 빠른 시일 내에 아주 멋진 글이 탄생할 것이다. 자신만의 아름답고 멋진 글 말이다.

> 1. 글쓰기에 두려움을 느끼는 건 자연스러운 현상이다.
> 2. 재능이 없어도 블로그를 운영하는 데는 지장이 없다.
> 3. 익숙해지면, 글쓰기 속도와 품질 모두 향상된다.
> 4. 재능보다 용기가 필요하다.

과거를 기록하여
미래를 개척하기

여러분은 작년 오늘 이 시간에 무엇을 하고 있었을까? 어떤 생각을 했고, 어떤 느낌이 있었고, 무슨 계획을 세웠고, 무엇을 후회했을까? 예를 들어, 작년 12월 25일 크리스마스에는 누구를 만났고, 어떤 생각을 했을까? 그날 새롭게 다짐한 계획이나 마음가짐은 무엇이었을까?

**생각의
보물상자**

블로그를 꾸준히 한 사람이라면, 작년 오늘 자신이 무엇을 했고, 어떤 느낌과 생각을 하고 있었는지 분명하게 파악할 수 있다. 블로그에 모든 데이터가 저장되어 있을 테니까. 따로 일기를 1년 내내 쓴 사람이 아니라면, 자신의 1년 전 오늘은 '지나왔으나 존재하지 않는' 시간으로 변해버린다.

시간이라는 자원이 저장되지 않고 증발해버린 것이다. 뭔가를 하긴 했는데, 실제로는 아무것도 하지 않은 것과 똑같은 결과란 뜻이다.

　블로그는 여러분의 시간을 현재부터 먼 미래까지 관리할 수 있도록 도와준다. 억지로 하는 것이 아니라 매우 자연스럽게 말이다. 그리고 시간관리 뿐만 아니라 관련된 다양한 혜택까지 기다리고 있다. 보물창고다. 블로그에 글을 쓰면서 콘텐츠를 생산하는 사람들이 승승장구하는 첫 번째 이유는 자기 생각과 느낌, 말하고 싶은 메시지들을 시간의 흐름에 따라 기록해 놓기 때문이다. 이것은 그 자체로 콘텐츠다. 처음에는 시간 낭비처럼 보일 수 있으나 실제로는 생산적인 작업이다. 기록이라는 것은 정말이지 가치가 있다. 생각이라는 데이터베이스는 몇 년이 지난 뒤에 보면, 그것을 가지고 있는 사람과 없는 사람의 차이를 극명하게 벌려놓는다. ==차곡차곡 쌓인 콘텐츠는 투자한 시간 이상의 것을 선물한다.==

　다른 플랫폼과는 다르게, 블로그는 특유의 성격이 있다. 다른 사람들에게 자연스럽게 공개되고, 아주 쉽게 피드백을 받을 수 있으며, 삭제하지 않는 이상 반영구적으로 보관할 수 있으며, 얼마든지 수정이 가능하고, 검색 기능을 통해 특정 주제를 쉽게 찾을 수 있다. 또한, 소중한 콘텐츠를 백업하고, 보관하고, 인터넷만 연결되어 있다면 그 어디에서도 만날 수 있으며, 멀티미디어화를 통해 자기 생각을 좀 더 멋지고 세련된 방식으로 요리할 수 있다. 여러분이 유튜브를 시작하려면, 동영상 촬영과 편집을 배워야 하고, 많은 시간과 비용을 투자해야 한다. 블로그는 그렇지 않다. 10년 된 노트북으로도 블로그는 운영할 수 있다. 초기 비용도 거의 들지 않는다.

과거 기록 = 미래 개척

　미래를 개척하고 싶은가? 그렇다면 과거를 기록하는 것부터 시작하면 된다. 과거를 기록한다는 것은 미래를 개척한다는 말과 같다. 자신의 생각과 느낌이 그대로 투영 된 무언가를 기록한다는 것은 나중에 똑같은 생각이나 계획을 세우는데 들어가는 시간과 비용을 줄여주기 때문이다.

　우리는 하루에도 수만 번 생각하고 그것을 잊어버린다. 무언가를 다짐했다가도 자고 일어나면 감쪽같이 기억나지 않는다. 거창한 계획을 세우고 특정 주제에 대해 많은 생각과 고민을 하면서 제대로 된 전략을 구상하기도 한다. 하루에도 수 십 개 이상의 아이디어가 반짝 떠올랐다가 사라진다. 결과는 어떤가? 기록하지 않은 생각들은 조금의 시간만 지나면 증발해버린다. 증발해버린 기억을 되찾기란 쉬운 일이 아니다.

　〈시간을 정복한 남자 류비셰프〉에서 류비셰프는 자신이 사용한 시간을 통계 내는 데에 많은 시간을 투자했다. 한 달에 약 3시간, 다음 달 계획을 세우는 데 1시간, 연간 결산에는 무려 20시간가량을 '시간 통계'에만 투자했다고 한다. 그는 시간을 정복했다는 호칭을 얻었다.

　자신의 시간은 자신만이 관리할 수 있다. 자신의 시간은 자신만이 정복할 수 있다. 자신의 과거는 자신만이 기록할 수 있으며, 따라서 자신의 미래는 스스로 개척해야 한다.

　시중에 나와 있는 거의 대부분의 자기계발 서적에서 '시간 관리'를 강조한다. 시간이 그만큼 중요하다는 이야기인데, 도대체 어떻게 관리해야 할지 모르는 사람이라면, 가장 간편한 해답을 여기에서 제시하고자 한다.

그것은 바로 블로그에 글쓰기다.

　과거를 기록하는 것만으로 미래가 개척된다는 것은 어쩌면 너무나도 당연해서 사람들이 잊고 지내는지도 모른다. 마치 공기가 존재한다는 사실처럼 말이다. 생각해 보자. 지금의 자신은 과거가 진행되어 만들어졌다. 외모, 성격, 능력, 나이 등 인생 전체가 모두 과거에서부터 비롯되었다는 뜻이다. 하지만 기록되어 있지 않은 과거는 '존재하지 않는' 과거일지도 모른다. 기록되어 있는 과거만이 '눈에 보이는' 과거다.

　지금까지 당신을 만들어왔던 가족, 여행, 경험, 생각과 느낌, 그 외 다양한 것들을 주제와 상관없이, 그 누구도 무엇도 신경 쓰지 않고 차분히 블로그에 기록해보라. 블로그를 습관화한다면, 쌓이고 쌓인 콘텐츠가 어떤 방식으로든 보답을 해 줄 것이다. 그것은 돈이 될 수도 있고, 기회가 될 수도 있으며, 가능성, 인맥, 전혀 색다른 분야의 진출 등이 될 수도 있다.

　미래를 자신의 손으로 떡 주무르듯 주물러 원하는 방향으로 개척하고 싶다면, 과거를 기록해두어야 한다. 꼭 일기를 쓰라는 것은 아니다. 일기도 좋고, 칼럼이나 사설도 좋고, 리뷰도 좋다. 짧은 시 한 편이나 아무런 문맥 없는 키워드의 나열도 좋다. 시간이 더 지나가서 '증발'해버리기 전에 붙잡아야 한다.

　자신의 '과거 데이터베이스'가 앞으로 여러분의 먹거리다.

---

1. 기록은 시간을 관리하는 효과를 가져다준다.
2. 시간이 지날수록 쌓이는 콘텐츠의 가치는 빛난다.
3. 생각을 기록하는 일은 보물 상자처럼 나중에 유용하게 쓸 수 있다.

블로그의 주제는
한 가지가 좋을까?

블로그를 운영하다 보면 집중적으로 특정 카테고리에 많은 글, 그리고 전문적인 글을 써야 될 것만 같은 압박감이 찾아오는 시기가 있다. 가령, IT 관련 정보와 디지털 기기 리뷰를 집중적으로 하다가 어느 순간 소재가 고갈되거나 개인 관심사가 바뀌었을 때, IT와 전혀 관련 없는 글을 블로그에 써도 되는지에 대한 의문이 들기 시작한다.

콘텐츠의
전문성과 관심사

블로그의 콘텐츠가 전문성을 가진 특정 주제로 꽉 채워지는 일은 멋지다. 사람들이 원하는 특정 주제의 콘텐츠가 많으면 많을수록 블로그는 훌륭한 도구가 된다. 그러나 블로그도 사람이 운영하고, 블로그의 글을 읽는 독자들도 모두 사람이다. 사람이 밥만 먹고 살 수는 없듯이 블로그의 콘텐츠를 특정 주제로만 채우는 건 현실적으로 매우 어렵다. 개인의 관심사는 언제든지 바뀔 수 있다. 주변 환경의 변화나 이사, 직업의 변경, 직장 변경, 직급 변경에 따라 관심사가 달라질 수 있고 관심사가 달라지면 당연히 하고 싶은 말, 전하고 싶은 메시지가 달라진다. 결국, 블로그에 쓰고자 하는 글의 주제가 달라진다.

종류를 막론하고 인터넷 플랫폼에서는 전문적인 주제를 집중적으로 다루면서 운영하는 게 여러 가지 면에서 유리하다. 콘텐츠를 충분히 생산할 수 있다는 조건이라면 말이다. 이때에는 서로 다른 주제를 가진 블로그를 여러 개 운영하면 된다.

반대로 콘텐츠를 충분히 생산할 수 없는 환경에서는 어떨까? 이때에는 블로그를 특정 주제로 한정 짓지 않고 마음 가는 대로 쓰는 게 좋다. 관심사가 바뀌면, 관심사에 따라 자연스럽게 블로그의 주제도 바뀌면 된다. 블로그에 특정 주제의 글을 계속해서 올려야만 독자들을 만족시킬 수 있을 것 같겠지만, 실제로는 그렇지 않다. 예를 들어, IT 정보를 원하는 구독자들이 요리에 대한 내용을 싫어할 것이라는 생각이 언제나 옳은 건 아니다. 오히려 'IT 개발자가 먹는 요리 레시피'처럼 색다른 장르로 주제를 확대할 수도 있다.

여러분의 포스트는 독자들에게 어떤 형태로든 정보가 될 것이다. 독자들은 주력으로 포스팅하는 내용에 감동받고 도움을 얻는다. 그리고 블로거의 관심사가 변경되면 거기에 따라 또다시 콘텐츠를 소비하고 감동받고 도움을 받는다. 그렇지 않은 독자들은 자연스럽게 멀어지며 그 자리를 새로운 독자들이 채운다.

▲ 초창기 블로거와 독자의 관계

처음에는 글의 주제와 내용으로 독자를 유혹하다가 나중에는 그 글을 쓴 사람의 팬이 되게끔 만들어야 한다. 이건 1인 미디어를 운영한다면, 블로그뿐만 아니라 모든 플랫폼에서 공통으로 적용되는 사항이다.

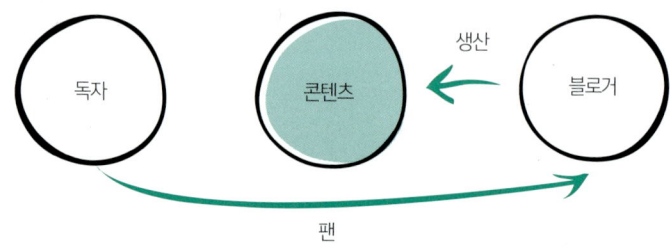

▲ 블로거와 독자의 관계 목표

독자들은 처음에는 해당 내용, 그러니까 콘텐츠를 좋아해야 한다. 그러나 시간이 지난 뒤에는 그 콘텐츠를 만든 사람, 즉 글쓴이를 좋아해야 한다.

매력적인 블로그를 운영하는 지름길

몇 개월 혹은 1년 이상 잘 운영되던 블로그가 어느 순간부터 댓글이나 방명록 소통만 하고 글이 올라오지 않는 경우가 있다. 이런 경우, 대부분은 블로그 글쓰기에 대한 소재가 고갈되었다고 보면 거의 정확하다. 지금껏 유지해오던 특정 주제를 계속해서 이끌고 가기가 버거운 시기가 찾아온 것이다.

많은 사람이 블로그 주제에서 벗어나는 글을 쓰면 블로그가 번잡스러워진다거나 전문성이 떨어질 것이라고 지레짐작한다. 그래서 최근에 엄청난 관심을 두고 있는 다른 주제에 대한 내용을 블로그에 쓰지 않는다. 결국, 블로그에 흥미를 잃거나 콘텐츠의 수가 줄어들어 마치 말라빠진 황태처럼 블로그가 변해버린다.

다양한 주제를 다룬다고 할지라도 블로그가 번잡스럽다거나 혼란스러워지지 않는다. 왜냐하면 억지로 하는 것이 아니라 자신의 관심사를 다루는 것이기 때문이다. 중요한 것은 얼마나 꾸준히, 혹은 연관성을 가지고 그것에 대한 글을 쓰느냐에 달려있다.

특정 주제로만 블로그 콘텐츠를 구성하려다가 블로그 몸집이 작아지고, 사람들이 찾지 않는 폐허 같은 블로그가 되느니, 차라리 다양한 관심사를 자신만의 스타일로 다루는 것이 훨씬 나은 선택이며, 매력적인 블로그를 운영하는 지름길이다.

블로그를 특정 주제로만 채우는 것은 매우 힘든 일이다. 오래도록 사랑받는 블로그를 꼼꼼하게 살펴보자. 주력 카테고리가 있겠지만, 그 외에 다양한 주제를 겸하여 다루고 있는 모습을 볼 수 있다. 이것은 무엇을 뜻할까? 사람이 단 한 가지의 일만 하고 살 수도 없고, 독자들도 그런 걸 원하지 않는다고 볼 수 있다.

밥을 먹었으면 밥에 대한 글을 쓸 수 있어야 한다. 일을 했으면 일에 대한 포스팅을, 여행을 갔다면 여행에 대한 포스팅을, 꿈을 꾸었다면 꿈에 대한 내용을 올릴 수 있고, 책을 읽었다면 서평을 남길 수도 있어야 한다. 주제는 무궁무진하다. 여러분은 관심사를 언제든지 변경할 자유가 있다. 그리고 관심사에 따라 블로그에 글을 쓴다면, 스스로 만족하는 글을 쓸 수 있게 된다.

다양한 주제와 관심사도 공감을 얻는다.

소프트웨어 개발자가 맛집 포스팅을 가끔 올리는 것이 민망하거나 이상한 일이라고 생각하는가? 소프트웨어 개발자가 자주 찾아가는 맛집이 있다면, 그것은 분명히 다른 소프트웨어 개발자들도 좋아할 맛집일 확률이 높다. 여행 블로그를 운영하는 사람이 IT제품 리뷰나 사용기에 대한 내용을 쓰는 것이 오지랖 넓은 행위일까? 절대 그렇지 않다.

소프트웨어 개발자가 찾아가는 맛집은 분명히 소프트웨어 개발과 연관이 있다. 이를테면, 가격이 저렴하고 양이 푸짐하다거나 칼로리가 알맞거나 음식점 사장님의 전직이 소프트웨어 개발자일 수도 있고, 머리 아픈 개발에서 잠시 벗어날 수 있는 인테리어나 전망이 있는 가게일 수도 있다.

우리는 모두 직업이나 주변 환경에 영향을 받고 비슷한 문화권에서 살아간다. 따라서 여러분이 관심 있는 무엇이라면 여러분과 비슷한 삶을 살아가는 누군가에게도 분명히 관심 있는 주제가 된다. 이것이야말로 주제를 한정 짓지 않고 블로그를 운영할 수 있는 궁극적인 이유다.

누구라도 가능성을 제한하는 건 나쁜 선택이라고 이야기할 것이다. 본능에 충실해 보자. 쓰고 싶은 글이 있다면 그것이 한 편이든 두 편이든 우선 써보자. 쓰고 싶은 글을 쓰라. 쓰고 싶은 주제가 주력하는 주제와 동떨어져 있다는 생각 때문에 멋진 아이디어를 쓰레기통에 버리지는 말라. 당신이 관심 가질 수 있는 주제는 무궁무진하다. 따라서 블로그에 쓸 수 있는 주제도 무궁무진하다. 블로그의 주제는 '무한'이고 '자유'이기 때문에 아무런 제약이나 압박을 느끼지 말고 마음 가는 대로 주제를 선택하고, 관심사에 대해 홀가분하게 써보자. 나중에는 그것들이 모두 쌓여 시너지 효과를 낼 수 있다!

> ...
> 1. 콘텐츠를 충분히 생산할 수 있다면 한 가지 주제로 운영하는 게 유리하다.
> 2. 콘텐츠를 충분히 생산할 수 없다면, 여러 주제를 동시에 다루어도 좋다.
> 3. 처음에는 독자들을 콘텐츠로 유혹해야 한다. 나중에는 콘텐츠가 아닌 자기 자신이 퍼스널 브랜드가 되어 독자를 유혹해야 한다.
> 4. 여러 가지 관심 분야 역시 독자들의 관심 분야와 일치할 수 있다.

글 쓰는 블로거가
성공하는 이유

사람들은 블로그를 잘 운영하다가 어느 순간 왜 포기하는 걸까? 정답은 간단하다. 단순히 귀찮기 때문이다! 제대로 된 블로그를 운영하려면 귀찮음과의 치열한 전쟁을 시작해야 한다. 당신의 미래를 개척할 글을 쓰고, 그것을 블로그를 통해 확산시키면서 결과적으로 원하는 걸 쟁취하고, 행복감을 느끼고 싶다면 말이다.

사람들의 블로그 운영을 방해한 장애물 중 끝판왕은 귀찮음이다. 귀찮음이라는 악마는 상당한 마력을 지니고 있기 때문에 시작 단계인 처음부터 장애물로 작용한다. 시간이 부족하여 블로그를 못 하는 경우가 있을 수도 있다. 시간이 너무 부족하여 도저히 글을 쓸 여건이 안 되는 경우도 있다. 그러나 변명으로 삼을 '시간 없음'이 아니라, 진짜 자기 자신을 진지하게 되돌아봤을 때, 약간의 여유시간이라도 있는데 블로그에 글을 쓰지 않는다면, 귀찮음과의 전쟁에서 패했다고 보는 것이 맞다.

글쟁이 블로거는 한가하지 않다.

글 쓰는 블로거는 한가하지 않다.

진짜 제대로 된 글을 쓰는 사람들은 대체로 매우 바쁘다. 그들은 그 바쁜 와중에 시간을 어떻게든 쪼개고 쪼개서 블로그를 운영한다. 원하는 게 있고, 블로그를 활용하면 그걸 얻을 수 있기 때문이다. 바쁘지 않다면, 그들은 그토록 치열하게 블로그를 할 이유가 없다. 시간이 없으니까, 여유가 없으니까, 더욱 치열하게 글을 쓰고 블로그를 관리하는 것이다.

엄청나게 많은 여유시간이 있고 정말로 한가하다면 블로그보다 훨씬 더 중요하고 멋진 일을 할 수 있다. 예를 들어 우주선을 만든다든지 UFO를 발견하기 위해 전국을 다니며 여행 할 수도 있다. 그러나 평범하게 생활하는 사람이라면, 저녁 시간 일부 혹은 아침 시간 일부 정도를 활용해야 한다. 이때 할 수 있는 것들이라고 해봐야 몇 가지 되지가 않는다. 보통 사람들은 이런 시간에 TV를 보거나 인터넷 서핑을 한다거나 누워서 멀뚱멀뚱거리거나 나중에 전혀 도움도 되지 않을 어떤 이상한 키워드에 사로잡혀 그것을 검색하는데 투자한다. 그러면서 시간이 없다고 투덜대기도 한다.

중요한 것은 나중에 세월이 흐른 뒤에는 이 자투리 시간을 어떻게 활용했는지에 따라 여러분과 다른 사람의 차이가 벌어진다는 사실이다. 그리고 한가한 시간을 한가하게 보낸 사람은 그렇지 않은 상대방을 부러워하고 시기 질투하면서도 한편으론 존경하게 된다.

글 쓰는 블로거가 성공하는 이유

오래전 나의 지인 중 한 명에게 블로그 운영을 권할 때, 그 친구는 이렇게 말했다.

"블로그? 그거 시간 남아도는 사람들만 하는거 아니야?"

블로그를 잘 모르는 사람들은 블로그를 하는 사람 모두가 정말 한가해서, 정말 할 짓이 없거나 돈에 미쳐서 혹은 이상한 취미를 가지고 있어서 따위라고 생각한다. 그러나 실제로는 정반대임을 필자는 강력하게 주장할 수 있다.

블로그는 여러 형태의 방향으로 운영할 수 있는 유기적인 플랫폼이다. 즉, 하루에 10분만 투자해서 운영을 할 수도 있고, 몇 시간을 투자하는 것도 가능하다. 다른 글을 복사/붙여넣기 하든, 사진 한 장 올린 뒤 포스팅하든 그건 블로그를 운영하는 운영자의 마음이다.

그런데 자신의 손으로 직접 글을 쓰는 블로거들은 다르다. 말하자면, 블로그를 자신의 그림자처럼 대하고, 자기 생각이 투영되도록 운영하는 사람들은 시간이 남아돌 이유가 없다. 왜냐하면, 그들은 무언가 할 말이 있는 사람이고, 또 시간 관리가 철저한 사람이고, 특정 분야의 전문지식과 함께 그것을 다른 이에게 전달하는 능력까지 훈련하는 사람들이기 때문이다. 이것은 무엇을 뜻하는가? 그들은 취업에 성공할 확률도 높고, 똑똑하고, 연봉도 높고, 인간관계도 좋고, 삶에 필요한 여러 가지 스킬들을 이미 갖추고 있음을 의미한다. 이것을 어떻게 아느냐면 시간 관리,

인맥 관리, 지식 관리, 메시지 전달, 소통 등이 삶에 꼭 필요한 능력이자 사회에서 성공을 얻을 수 있는 스킬이기 때문이다. 이것이야말로 글 쓰는 블로거가 성공하는 궁극적인 이유다.

여기에서 알 수 있는 중요한 사실 한 가지. 글 쓰는 블로거는 이미 사회적으로 어느 정도 성공궤도에 올라있거나 혹은 빠른 시일 내에 성공궤도에 오를 가능성이 높은 사람이다. 여러분이 만약 취업컨설턴트거나 헤드헌팅 담당자거나 직장 내 인사팀 소속 직원이거나 취업을 원하는 학생이나 준비생이라면 이 부분을 절대로 놓쳐서는 안 된다.

블로그는 시간이 남아도는 사람들만 한다던 그 친구는 몇 년이 지난 지금 나에게 블로그 운영 노하우를 알려달라고 아우성친다.

귀찮음과의 단판승부

당장 내일 출근인데 밤을 지새우면서까지 글을 쓰고 블로그 관리를 하는 건 추천하지 않는다. 블로그뿐만 아니라 그 무엇을 하더라도 다음날의 활동에 지장이 생긴다면 문제가 된다. 일상생활에 지장이 없는 선에서 활동하는 것이 베스트다. 그래야 오래도록 운영할 수 있고, 시간을 자신의 편으로 만들 수 있다.

여기에서 말하는 것은 단지 자기 자신의 일과를 되돌아보고 불필요한 시간을 줄인다면, 즉 한가한 시간을 한가하지 않도록 한다면 여러분도 블로거가 될 수 있고, 블로그 글쓰기를 통해 무언가를 성취할 수 있다는, 다분히 정상적인 스토리일 뿐이다.

어떤 이는 성공조차 두려워한다. 그러나 꼭 성공을 위해서가 아니라도 글 쓰는 블로그를 운영하고자 한다면, 귀찮음과의 단판 승부에서 승리를 쟁취해야 한다. 귀찮음은 블로그 운영에 있어서 최대의 적이다. 만약 귀찮음만 잘 몰아낼 수 있다면, 정말 그럴 수만 있다면, 여러분도 다른 이 못지않은 매력적인 블로그를 운영하고, 거기에 제대로 된 글을 쏟아낼 수 있다. 자기 생각을 휘갈겨 쓰고 기록으로 남기고 다른 사람에게 공개하여 결과적으로 그것을 통해 다양한 전문지식을 활용한 소통을 한다면 머지않아 원하는 것을 얻을 수 있다.

한가한 시간을 되돌아보자. 한가한 시간을 한가하게 보내기보다 한가하지 않게 보내는 방법은 어떨까? 아니면 한가한 시간 중 절반만이라도 블로그에 투자해보는 건 어떨까? 블로그에 글을 써보자. 어떤 보상이나 다음에 얻게 될 다양한 혜택들은 일단은 접어두자. 당장은 무엇보다도 자신의 지식을 채우고 자기 자신을 훈련하기 위해 블로그를 운영하는 것에 포커스를 두어야 한다. 시간 관리를 훈련하고 인맥 관리를 훈련하고 소통하는 방법과 메시지 전달 방법에 대해 다양한 체험을 할 수 있다. 그러면 독자들과 재미있는 이야기와 정보를 공유하게 될 것이다.

블로그에 글을 쓰는 작업은 그 어떤 행위보다도 색다른 경험을 하게 해줄 것이다. 나쁜 경험이 아니라 성공적인 경험을!

1. 블로그를 운영할 때 가장 큰 적은 귀찮음이다.
2. 불필요한 시간을 줄이고, 그 시간을 생산적인 일에 투자해야 한다.
3. 자투리 시간을 잘 활용하면, 블로그 운영을 이어갈 수 있다.
4. 블로그 글쓰기를 통해 커뮤니케이션 실력을 향상하면, 원하는 걸 얻을 가능성이 커진다.

자신감을 갖고 글쓰기

블로그 글쓰기를 통해 자신만의 목소리를 찾아야 한다. 자신만의 목소리를. 그리고 그 목소리에 자신감을 불어넣어야 한다. 전문가들은 공통적으로 자신감에 충만해있고 목소리에 힘이 있다.

자신감의 자격

특정 주제로 블로그를 운영하고 있다면, 이미 해당 분야의 전문가라고 할 수 있다. 아무리 기초적인 내용을 설명해주는 포스트라고 할지라도 말이다.

누군가에게 무엇을 설명한다는 것은 이미 전문가의 대열에 합류했음을 뜻한다. 어떤 것을 배우는 것보다 어떤 것을 남에게 가르치거나 설명해주는 것이 훨씬 어렵다는 사실을 모르는 사람은 없다. 블로거들은 무언가를 남들에게 가르쳐주고, 정보를 공유하고, 경험을 전파하기 위해 블로그에 글을 쓰고 있다. 지속해서 블로그에 글을 써서 발행하고 공유하다 보면 자신만의 목소리를 갖게 된다. 그리고 계속해서 시간을 투자하다 보면, 자신도 모르는 사이에 스타일이 만들어지고 글에는 자신감이 갖춰진다. 초보 블로거들이 흔히 하는 실수 중 한 가지는 포스트에서 불안한 기색의 글을 쓴다는 점이다. 마치 자신의 경험이나 주관이 전혀 근거가 없으며 거의 대부분 틀릴지도 모른다고 생각하는 듯한 글들. 경험이 없다면 이런 현상은 더욱 심해진다. 하지만 전문가를 표방하는 블로거는 그렇지 않다. 글에 자신감이 넘쳐흐른다. 자신감은 독자를 끌어당기고, 무언가를 전달하는 데 매우 효과적이다.

자신감이 있는 블로그의 멀티미디어는 아주 강력하다. 우리가 자신의 글과 목소리에 자신감을 가져야 하는 이유다. 자신이 가지고 있는 힘, 권위, 능력, 지식을 총동원하여 블로그에 글을 써보자. 지금까지와는 전혀 다른 반응을 얻게 된다.

상상도 하지 못했던 기회들이 여러분을 기다리고 있다. 책 출판, 방송 출연, 광고 섭외, 기업에서의 스카우트 제의, 인플루언서 협업, 광고, 지역 사회에 도움이 될 만한 여러 가지 제안들, 칼럼 기고 요청, 추천사 등…. 이런 것들을 해보고 싶지 않은가? 이 경험을 통해 쌓을 수 있는 경험과 커리어가 얼마나 소중한가? 위대해 보이는 대부분의 것들은 '글쓰기'와 관련되어 있음을 기억하자.

블로그 글에
자신감을 가지는 법

<mark>독자들이 원하는 건 단순명료하다.</mark> 그들은 글쓴이의 글을 믿고 싶을 뿐이다. 이왕이면 다른 글보다 여러분의 글을 믿고 싶다. 시간은 항상 부족하다. 겨우내 찾은 글에서 많은 것을 얻고, 배우고, 느끼고 싶다. 하지만 당신이 쓴 블로그 글에 자신감이 없어서 전문성이 없어 보인다면, 그들의 기대는 실망으로 변한다.

블로그 글에 자신감을 가질 수 있는 가장 쉬운 방법은 자신의 능력을 개발하는 데 시간을 투자하는 것이다. 어떤 글을 쓰고자 할 때 지식과 경험을 녹여내어 스토리텔링 된 글을 뽑아낼 수 있다면 가장 좋을 것이다. 우리의 경험은 100% 이야기 형태로 구성되어 있다. 따라서 글을 쓸 때 경험을 녹여내는 훈련을 한다면, 글은 이야기 형태로 독자에게 전해질 것이며, 이것은 글에 자신감을 가질 수 있는 지름길이다. 경험 자체가 본인의 것인데 그 누가 의문을 제기 할 수 있을까? 자신감을 가져도 좋다. 우리는 지금 나쁜 일을 하고자 하는 게 아니다. 그저 자신의 만족을 위해, 독자들에게 정보를 주기 위해, 글을 쓰기 위해, 어떤 위대한 작업을 하기 위해 블로그에 글을 쓰고 있다.

필자는 블로그를 운영한 지 얼마 되지 않았을 때 블로그를 통해 돈을 벌 수 있다는 사실을 알게 되었다. 다양한 방법들이 있었고 실제로 현금을 만져볼 수도 있었다. 그러나 얼마 동안 하다 보니 회의감이 들었다. '과연 이게 내가 하고 싶은 건가…' 같은 생각이 자꾸 들었다. 그때까지만 해도 내 글은 자신감이 있는 척했지만 자신감이 없었고, 많이 아는 척했지만 많이 알지 못하는 상태였다. 글을 쓰기는 엄청 쉬웠다. 업체에서 제공하는 많은 자료를 그저 적절히 녹여내기만 하면 끝이었다. 그러나 이런 작업은 하면 할수록 나를 좀먹는 암세포 같다고 느껴졌다. 결국 생각을 바꾸고, 진짜 내가 쓰고 싶은 글을 쓰기 위해 〈청춘 칼럼〉을 연재했다. 얼마 후 그 글은 〈1인분 청춘〉이라는 책으로 출간됐다.

글을 권위적으로 써볼까?

정말 괜찮은 글을 쓸 수 있고, 자신감을 가짐으로써 전문성을 내비칠 수 있다면 빠른 시일 내에 효과를 볼 수 있다. 블로그 화면에서 '힘'이라는 것은 당신의 사회적 지위보다는 글 자체에서 나온다. 어디에 살든 어떤 직업을 가졌든 크게 관계없다. 단순히 글에 의해 당락이 결정된다. 물론 좋은 직업을 가지고 있다면 좀 더 신빙성을 높일 수는 있을 것이다. 하지만 글 자체의 자신감에 비하면, 신빙성으로 얻을 수 있는 효과는 크지 않다.

가령, 여러분은 이 책을 읽고 있고, 이 책을 쓴 사람은 블로거이며 작가다. 아마 책날개에 있는 작가 소개를 읽어본 독자도 있을 것이다. 거기에서 간략한 글쓴이 소개를 읽을 수 있다. 그런데 화려한 경력을 자랑하는 작가 소개가 진실이라고 어떻게 장담할 수 있나? 대부분의 독자가 글쓴이의 경력을 직접 검증해보지 않는다. 작가의 이름을 검색해서 작가 블로그에 접속해보는 일은 매우 드물다!

여러분은 책 내용을 읽으며 어느 정도 공감하는 부분이나 고개를 끄덕인 부분도 있었을 것이다(꼭 그렇게 됐길 바란다). 즉, 여러분은 이 책에 있는 글을 어느 정도는 신뢰하고 있다. 이 신뢰성은 책이라는 특유의 그릇, 그 안에 담긴 글의 내용, 작가 소개, 그리고 글 자체에서 오는 자신감 등에 영향을 받는다.

강의에서 자주 이야기하는 내용이지만, 블로그 글은 다른 매체의 글과는 다르다. 우리가 흔히 보는 기사는 기자-편집 데스크 등을 거치면서 여러 차례 다듬어진다. 그래서 신문은 기본적으로 신뢰를 품고 있다. 전문가들의 손을 거쳤으니까. 책은 두말할 필요도 없고, 공식적으로 발표되는 대부분의 글이 여러 번의 편집을 거친다. 전문가가 글을 다듬고, 수정하니 당연히 신뢰가 가는 것이다.

하지만 블로그 글은? 나이, 성별, 직업, 능력, 지식, 경험 불문 그 누구나 글을 써서 남들에게 공개할 수 있다. 따라서 블로그 글 그 자체로는 신뢰성이 거의 없다. 블로그에는 잘못된 정보가 너무나도 많아서 오히려 진짜 정보를 찾는 게 더 어려울 지경이다. 결국 블로그에 글을 쓰는 사람은 직접 작성하는 글 자체에서 신뢰를 보여주지 못하면, 그 누구도 여러분의 글을 믿지 않을 것이다. 우리는 모두 다른 사람들을 배려하고 남들에게 친절하게 대해 주어야 한다. 하지만 적어도 블로그 글에서만큼은 권위적이고 날카롭게 쓸 필요가 있다. 독자의 기억에 어떤 식으로든 남아야 한다.

그렇다면 권위적이고 날카로운 글을 쓰려면 어떻게 해야 하는가? ==가능한 경험을 실어야 한다.== 그리고 자신의 주제를 정확하게 파악해야 하며, 평소에 자료를 수집하고, 많은 생각을 통해 다양한 시각에서 관망해 볼 수 있도록 준비해 두어야 한다. 한마디로 시나리오 작가가 자신의 역량을 강화하기 위한 작업과도 비슷하다. 개인 데이터베이스 구축을 통해 글쓰기 재료를 모으고, 글쓰기 휴지통을 통해 단문이든 장문이든 계속해서 아이템을 개발해야 한다. 그러면 여러분은 자신의 목소리에 자신감을 가지게 될 것이며, 독자들에게 신뢰를 줄 수 있다. 글쓰기를 마음먹은 순간부터 글에 마침표를 찍는 순간까지 전문가의 입장에서 활동하게 되는 것이다.

그 어떤 글을 쓰든 자신감을 가지는 게 블로그를 시작할 때의 준비운동이다. 스스로 전문가라고 되뇌면 도움이 될 것이다. 실제로 여러분은 전문가다. 얼마나 많은 사람이 전문성 있고 자신감 있는 글을 기다리는가? 주제는 관계없다. 아주 일반적인 내용이라 한들 그것을 남들에게 설명하지 못하는 사람은 대단히 많다. 어떤 내용을 잘 정리해서 남들에게 쉽게 설명하는 건 실제로 매우 까다로운 작업이다. 여러분이 노래를 세상에서 가장 잘한다고 할지라도, 다른 사람에게 노래 잘하는 법을 가르치는 것과는 별개다. 하지만 여러분은 그 작업을 하고자 하는 입장이다. 자신감 있는 글이 쌓이고 쌓이면 그 자신감은 스스로 엄청난 자신감을 선사할 것이다.

강연 요청, 출판 제의, 특강 섭외, PPL, 비밀리에 진행되는 광고 프로모션 등등 이제 우리는 원하는 것을 취사선택하면 된다. 이런 경험들이 쌓이면, 더 많은 자신감을 얻게 되고, 그러면 더 뛰어난 콘텐츠를 생산하게 될 것이며, 그러면 더 많은 기회가 찾아올 것이다. 선순환의 시작이다.

> 1. 블로그에서는 자신감 충만한 자신만의 목소리를 내야 한다.
> 2. 다른 사람에게 무언가를 설명하는 일이 그것을 배우는 가장 빠른 방법이다.
> 3. 자신감을 표출하기 위해 글을 권위적으로 쓰는 것도 고려해봐야 한다.
> 4. 블로그 글은 필터링 되지 않고 주관적인 내용을 담고 있는 특성상 자신감 없는 글은 신뢰를 주지 못한다.
> 5. 어떤 내용을 잘 정리해서 세련되게 표현하는 작업은 어려운 일이며 훈련이 필요하다.

남들이 아닌
자신이 원하는 글을 쓰자

블로그 글쓰기가 힘들다고 호소하는 사람들이 많다. 블로그 글쓰기는 쉬운 일이 아니라는 점에 동의하지 않을 수 없다. 하지만 블로그에 글을 쓰는 방법이 잘못되었다면, 그 방법을 조금 수정함으로써 도움을 받을 수가 있다.

많은 사람이 블로그에 글을 쓸 때, 남들이 원하는 글을 쓴다. 남들이 원하는 것을 찾는데 많은 시간을 투자하고, 남들이 무엇을 원할까를 고민하는데 엄청난 에너지를 소비하다가 결과적으로 아무것도 쓰지 못하고 블로그 창을 닫아버리기 일쑤다.

남들이 원하는 것을 알 수 있을까?

우리는 마케팅부서 팀장이나 제품 판매 기획자가 아니다. 블로거는 글쟁이에 가깝다. 블로그는 주로 텍스트로 구성되어 있기 때문에 글쓰기 자체가 대부분을 차지한다. 말하자면, 블로거는 작가와 비슷하다. 세상에서 가장 뛰어난 작가도 독자가 원하는 것을 미리 알아내는 능력은 없다. 글을 써서 책으로 출간하고 난 다음 그 반응을 수용할 뿐이다.

블로그 글쓰기가 힘들어지는 이유는 다양한데, 그중에서도 가장 처음 마주하는 함정은 자신이 쓰고 싶은 글이 아니라 남들이 원하는(실제로는 원한다고 생각하는) 글을 쓰려는 마음가짐이다.

이것은 기본적으로 방문자를 의식하는 요소와 빠르게 성공하고 싶어 하는 조급함 등이 결합한 결과물이다. 남들이 원하는 글을 쓰다 보면 댓글처럼 다른 사람의 피드백에 큰 영향을 받게 되는데, 이것은 글쓴이가 주도하는 형태가 아니라, 독자가 글쓴이의 글을 주도하는 형태가 되어버린다. 이런 현상은 여러분이 원했던 스토리라인을 완성할 수 없음을 의미한다.

마케팅에서 하나의 가정은, 고객들은 스스로 어떤 걸 좋아하는지 잘 모른다는 것이다. 눈으로 보여주거나 손으로 만질 수 있게 해줄 때, 비로소 그들은 자신이 좋아하는 게 무엇인지 알게 된다. 가령, 아주 오래전에 아이폰과 안드로이드폰의 프로토타입 모델을 보여주면서 "이것은 스마트폰입니다. 어떤 제품을 선택하시겠습니까?"라는 질문을 던지는 시장조사 프로모션이 있었다면, 잠재고객들은 그저 끌리는 것이나 귀찮음 때문에 아무것이나 선택해버리고는 "그저 마음에 들어서요."라고 답했을 것이다.

우리들은 남들이 원하는 글을 쓰는 데 매우 익숙해져 있다. 학창 시절부터 진행되는 숙제, 검사를 맡기 위한 일기는 다분히 점수를 얻기 위한 글이다. 보고서, 검토할 자료, 사업 계획서, 결과 보고서는 결정권자를 위한 글이며, 클라이언트를 위한 사업 설명서나 제품 가이드라인 또한 자신이 아닌 다른 사람을 위한 글이다. 우리는 일상생활에서 대부분 남을 위한 글을 쓰며 살아간다. 남들이 원하는 글이 아니라 스스로 원하는 글을 쓸 기회가 평소에는 거의 없다. 억지로 시도하지 않는다면 말이다. 어떤 사람은 평생 자신이 원하는 글 한 편도 쓰지 못하고 생을 마감한다. 어떤 이는 평생 남들이 원하는 글만 쓰다가 눈을 감는다. 이런 의미에서 봤을 때, 남들이 원하는 글이 아니라 자신을 위해 써나가는 글은 얼마나 가치가 있는 일인가?

스스로 원하는 글의 가치

아이패드가 세상에 처음 공개되었을 때 전 세계 사람들은 '아이폰과 MAC OS X 의 중간 지점을 채워주는 혁신적인 제품'이라며 극찬했다. 그리고 엄청난 판매고를 기록했다. 그로부터 몇 년이 흘렀지만, 이이패드는 여전히 인기다. 하지만 아이패드가 등장하기 전까지 그 누구도 '아이패드 같은 제품이 없어서 불편하다'고 이야기하지 않았다는 사실에 주목할 필요가 있다. 이처럼 남들이 원하는 것이 무엇인지를 판단하는 일은 대단히 어려우며 거의 불가능하다.

남들이 원하는 글은 앞서 이야기한 것처럼 일상생활에서 얼마든지 할 수 있다. 그 스트레스를 왜 자신의 블로그에서까지 고수해야 하는지에 대답은 할 수 없다. 여러분은 스스로의 글을 쓸 자격이 있고, 꼭 그렇게 해야만 한다. 왜냐하면 자신의 글을 써서 블로그를 통해 공유하는 것이야말로 독자들이 원하는 내용일 확률이 높기 때문이다.

타인이 원하는 것은 계속해서 바뀐다. 계속해서 돌고 돈다. 남들을 의식하며 블로그에 글을 쓰는 사람이 많음을 안다. 하지만 그들의 진정성은 어디에 남았는가? 그들 대부분이 몇 년 안에 지쳐 포기한다. 자신만의 블로그에 자신의 글을 쓰는 사람은 자연스럽게 블로그를 오래도록 운영할 수 있다. 블로그는 마라톤이다.

남들이 원하는 글을 쓰다 보면, 남들이 원하는 것을 계속해서 고민해야 하고 계속해서 찾아야 한다. 더 큰 문제는 남들이 원하는 것이 계속 바뀌는데도 불구하고 그것이 정확하게 무엇인지 도무지 확신하기 어렵다는 것이다. 즉, 남들이 원하는 게 무엇인지 그 누구도 모른다는 사실 때문에, 남들이 원하는 글을 쓰려고 하면 글을 못 쓰게 되는 악순환에 빠지게 된다.

진짜
남들이 원하는 것

남들이 원하는 글을 쓰고자 하는 전략은 이론적으로는 훌륭하다. 하지만 이론을 벗어나서는 불완전하다. 사람들은 마음속으로는 자신이 쓰고 싶은 글을 쓰겠다는 마음을 갖고 있다. 자신의 이야기를 풀어내는 것은 매우 홀가분한 기분을 선물하는 궁극의 '힐링'이다. 하지만 글을 쓰려고 하면 할수록 남들이 원하는 글을 쓰고자 하는 이상한 현상에 빠져버린다. 아무래도 남들에게 인정받고 싶다는 인정욕구, 더 많은 사람이 내 글을 읽었으면 좋겠다는 희망, 하룻밤처럼 짧은 인기에 대한 욕망, 그리고 이왕이면 더 많은 사람에게 도움이 되고 싶다는 착한 마음에 이르기까지 복합적인 원인을 포함하고 있다. 하지만 남들이 원하는 글을 써서는 이러한 욕망은 채워지지 않는다. 여러분이 블로그에서 보았던 아무 의미도, 아무 정보도 없는 그런 글들로 가득 채워진 블로그를 떠올려보면, 자신의 미래를 상상해보는 데 도움이 될 것이다.

남들이 아닌 자신이 원하는 글을 써라. 그것이야말로 오래도록 글을 쓰는 비결이다. 남들이 진정으로 원하는 것은 당신이 진정으로 원하는 글을 쓰는 것이라고 할 수 있다.

> ...
>
> 1. 다른 사람이 원하는 걸 미리 알아낼 방법은 없다.
> 2. 남들이 원하는 글을 쓰다 보면, 주도권을 빼앗긴다.
> 3. 아이패드가 출시되기 전에는 그 누구도 아이패드가 없어서 불편하다고 이야기하지 않았다.
> 4. 자신이 원하는 내용이 결국에는 다른 사람이 원하는 내용이다.

블로그 글과
신문 기사의 차이점

    오래전에 있었던 일이다. 신입사원으로 입사하여 며칠 지나지 않았을 무렵, 급하게 보도자료를 쓰라는 지시가 떨어졌다. 몇 시간 안에 보도자료를 배포해야 한다는 부가설명이 붙었다. 나는 그때까지 보도자료를 써 본 일도, 보도자료를 배포해 본 일도 없거니와 필력에도 자신이 없었지만, 조직의 일원으로 일을 해야 하는 입장이었기 때문에 워드프로세서를 실행하여 이런저런 내용을 적어나갔다. 나는 우리 회사를 이 보도자료가 대표한다는 사명감을 가지고 머리를 쥐어뜯으며 열심히 썼다. 짧은 글도 엄청나게 오래 걸렸던 기억이 난다.

    겨우 작성한 보도자료를 검토받기 위해 출력할 때의 그 긴장감은 사뭇 달랐다. 심지어 회사에서 처음 들어가는 결재였다! 그리고 조직을 대표하는 '첫' 보도자료라는 중압감 때문에 나는 누구보다 긴장하고 있었다. 식은땀을 흘리며 들어간 사무실. 결재자에게 보도자료 출력물을 내보이는 순간 불호령이 떨어졌다. 이건 기사가 아니라는 말을 들었다. 그리고는 수정해야 할 내용을 지적해주는데, 지적된 것 중 대부분은 추상적이고 주

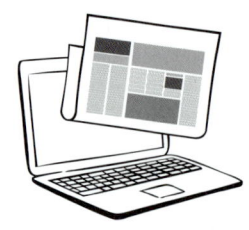

관적인 내용이었다. 예를 들어 '확실히', '엄청나게', '제대로', '너무나' 등은 주관적인 관점이자 추상적인 단어이기 때문에 보도자료에는 적합하지 않다. 하지만 당시의 나는 형편없는 경험으로 이런 실수를 저질렀다.

블로그 글은 신문 기사가 아니다.

　기사나 보도자료를 잘 쓰는 것과 블로그 글을 잘 쓰는 것은 좀 다르다. 블로그 글은 신문 기사가 아니기 때문이다. 신문 기사는 개인적인 관점을 배제한다. 기사란 말 그대로 객관적인 사실만을 전달하는데 그 목표가 있다. 가령, 나무에 사과가 열린 과수원의 모습을 기사화한다고 했을 때, 나올 수 있는 문장들은 'OO 평의 과수원에 OO 여 개의 사과가 자라고 있다', '작년에는 몇 월부터 몇 월까지 수확했었는데, 올해엔 OOO 날씨의 영향으로 조금 앞당겨 수확한다' 같은 사실(fact)을 말할 것이다. 그러나 블로그 글은 다르다. 블로그 글은 정말로 주관적인, 그러니까 글쓴이가 느낄 수 있는 감정이 반영될수록 높은 점수를 얻는다. '빨간 사과가 참으로 탐스럽다'든지 '우리 어르신에게 선물하면 정말 좋아할 것 같다'라든가 '우리 가족들과 함께 사과 수확하기 체험을 해야겠다' 같은 내용이 나올 수 있다.

　블로그 글을 잘 쓰기 위해서는 감정이 메말라 있어서는 안 될 일이다. 객관적인 내용만을 전달한다는 측면에서만 보자면, 신문 기사는 감정이 포함되어 있지 않다. 가족을 사랑하지 않는 사람도 '크리스마스 가족 선물로 좋은 10개의 상품'이란 주제로 기사를 쓸 수 있다. 제품의 스펙, 가격, 판매처 등 객관적인 사실만을 나열한 자료가 있으면 된다. 그러나 블로그 글은 그렇지 않다. 누구에게 선물할 것인지, 잘 어울릴 것인지, 선물했을 때 어떤 표정을 짓고 어떤 이야기를 할 것이며 어떤 기분을 느낄 것인지 등이 블로그 글에서는 대단히 중요하다. 독자들이 이런 감정의 정보를 원하기 때문이다. 블로그에서 우먼 파워(Woman Power)가 돋보이는 점도 같은 맥락이다. 따라서 블로그에서는 얼마든지 감정을 표현해도 좋다! 아니, 꼭 표현할 수 있어야 한다.

종류를 규정하지 않아도 된다!

신문 기사에는 몇 가지 종류가 있다. 스트레이트, 피처, 스케치, 칼럼, 인터뷰, 가십, 단신 등과 같은 것들인데 이러한 종류마다 글의 스타일과 길이 등이 조금씩 달라진다. 또한, 육하원칙이나 피라미드 혹은 역피라미드형 같은 글 내부의 얼개도 복잡한 시스템을 갖추고 있다. 주제에 따라 다양한 스타일이 있는 것이 바로 신문 기사인데 어느 정도 시스템화되어 있기 때문에 자유도는 조금 떨어진다고 할 수 있다.

블로그 글도 해석하기에 따라서 여러 종류가 있다. 서평, 제품 후기, 여행지 소개, 상품 소개, 자사 행사 홍보, 개인적인 일기 등이 있지만, 규정하지 않아도 된다. 그 무엇이라도 블로그에 업로드하여 발행하면 그것 자체가 바로 블로그 글이 된다. 내가 맛있는 사과를 먹고 너무 감동하여 그 느낌과 사진들을 내 블로그에 올리고자 할 때, 이 글의 스타일이 스트레이트든 칼럼이든 스케치든 무슨 관계란 말인가? 중요한 것은 맛있는 사과를 먹었고, 그 감정을 다른 사람들과 나누기 위해 블로그에 글을 쓰고 있다는 것이다. 그리고 그 글을 보고 누군가가 도움을 받을 수 있다는 사실이다.

주관적으로 전달하라

블로그를 처음 시작하는 사람들은 자신의 블로그에 글을 쓸 때 신문 기사를 떠올린다. 차이점이 많은데도 말이다. 그리고 혼동하기도 한다. 마치 자기가 신문기자가 된 것처럼 자신의 글이 완벽하지 않다면(기사답지 않다면) 발행할 수 없다고 스스로 세뇌한다. 그러다가 시기를 놓치거나 흥미를 잃어 블로그 글뿐만 아니라 블로그 자체를 포기하기도 한다. 안타까운 일이 아닐 수 없다. 그 내용이 어떤 것이든 인터넷에 공개되어 있었다면 누군가에겐 엄청난 도움이 될 수도 있었을지 모르는데도 말이다.

신문 기사는 그 자체로 믿을만하다. 물론 사람이 하는 일이다 보니 오보도 있고, 오탈자가 있을 수도 있다. 그러나 정립된 내부 시스템과 오래도록 훈련된 기자들이 쓰는 글은 확실히 '기사'답다. 우리는 신문 기사를 통해 많은 정보를 접할 수 있고, 많은 것을 배운다.

블로그 글은 그 자체로는 완벽하지 않다. 우선 감정적인 요소가 많은 부분을 차지하고 (감정은 수시로 바뀐다. 마음에 들었던 옷이 그다음 날 입었을 때 마음에 들지 않는 일을 떠올려보자), 전문적으로 글쓰기 훈련을 받은 사람이 쓰는 것도 아니며, 편집 데스크 같은 검수 시스템이 있는 것도 아니다. 반면에 언제든지 수정할 수 있는 시스템이 있고, 실수가 발견된다고 하여도 정보 전달 자체에 무리가 없다면, 문제 될 것은 없다. 내가 맛있는 사과를 먹고 일기를 쓰는 과정에서 다섯 번 나오는 사과라는 단어 중 두 번을 '사과'가 아닌 '사괴'라고 적었다 한들 큰 맥락은 차이가 없으며, 독자들도 내용 이해에 어려움이 없을 것이다. 이것은 글쓰기에 느낄 수 있는 자유다. 글쓰기에 자유가 있다는 사실은 글쓴이에게 만족감과 홀가분함을 준다.

다시 한번 강조하지만, 블로그에 쓰는 글은 신문 기사가 아니다. 우리의 감정은 머릿속에, 가슴속에 저장된다. 블로그 글에서도 당연히 사실을 전달하고 정보를 공유할 목적성이 있다. 하지만 그것을 주관적인 느낌과 버무려서 전달해야 한다.

<u>자신의 해석을 신뢰하자.</u> 모두에게 맛있는 사과가 자신에게도 맛있을 거라고는 장담할 수 없다. 집단지성은 여기에서 탄생한다. 당신의 주관적인 의견과 글은 누군가에겐 아주 좋은 참고자료가 될 것이다!

> ...
> 1. 블로그 글과 신문 기사는 다르다.
> 2. 감정이 풍부하게 녹아든 글쓰기 훈련을 해야 한다.
> 3. 블로그 글은 정해진 형식이 없으므로 자유롭게 쓸 수 있다.
> 4. 내용을 주관적으로 전달하는 게 매우 중요하다. 독자들은 주관적인 내용을 보기 위해 블로그에 방문한다.

블로그를 하지 않을 이유 찾아보기

　필자는 유튜브나 SNS 채널에서 많은 팬을 가지지 않은 평범한 사람들, 특히 젊은 분들이 블로그를 하지 않는 이유를 찾으려고 무던히도 애를 썼었는데, 결국에는 못 찾았다.

　블로그를 해야 하는 이유를 얘기하기보다 블로그를 안 하는 이유를 찾는 게 더 빠를 것 같아서 그렇게 해보려고 했었는데 결국 못 찾았다. 그들의 이야기를 들어보면 대부분 '귀찮다' 거나 '시간이 없다' 등 추상적인 이야기들뿐이고, 명확한 목적이 있어서 하지 않는 경우는 매우 드물었다.

콘텐츠 생산자는 소수다

일단, 자신의 이야기를 불특정 다수가 봐준다는 건 매우 흥미로운 일이고 특별한 경험이다. 어떤 채널이든 제대로 된 루트 하나만 있어도 이걸 잘 키우고 가꾸다 보면 강력한 무기가 된다. 특히 전문분야가 하나도 없는 사람들일수록 자신만의 콘텐츠를 가져가는 게 너무나도 중요하지만, 오히려 전문분야가 없는 사람들이 블로그 등의 크리에이티브에서 멀리 떨어진 채 살아간다.

콘텐츠 생산자는 매우 소수이며 빙산의 일각, 아니 빙산의 조각일 뿐이다. 그보다 훨씬 많은 사람은 그저 남들이 만든 콘텐츠를 소비만 한다. 디지털 콘텐츠는 아무리 소비를 해도 원본이 사라지지 않고, 오히려 소비자가 소비해줄수록 더 빛나는 특징이 있다. 돈은 당연히 콘텐츠 제작자의 몫이다. 이런 측면에서 봤을 때, 콘텐츠 크리에이터가 장래 희망 1순위가 되는 건 전혀 이상한 일이 아니며 오히려 권장해야 할만한 사항이다.

시간이 없다는 건 가장 반박당하기 좋은 변명이었다. 하루에 10분만 투자해도 블로그는 운영할 수 있다. 대부분의 사람은 넷플릭스 첫 화면에서 영화나 드라마의 목록을 30분 동안 살펴보는 건 좋아해도, 그 시간에 블로그에 짧은 글 한 편 쓰는 건 싫어한다. 왜냐하면, 머리를 굴려야 하기 때문이다. 여기에서부터 생산성 양극화가 나타난다. 이런 차이는 시간이 지날수록 벌어지며 나중에는 따라잡기가 거의 불가능해진다.

왜 어떤 사람은 하루에도 엄청난 일을 소화하는데 왜 누군가는 일주일이 지나도 남는 게 없을까?

블로그에
글을 쓰는 시간

처음에 블로그에 글 한 편 쓸 땐 30분이 걸린다. 6개월이 지나면 20분 정도 걸릴 것이다. 1년을 꾸준히 썼다면 10분 정도 걸릴 것이고, 여전히 오래 걸린다고 해도 그만큼 오래 했으면 충분한 수입을 확보했을 테니 블로그를 관리해줄 직원을 구할 수 있다. 그럼 그 시간에 더 중요한 다른 일을 하면 된다.

내 돈을 주식에 투자하면, 그 기업은 내가 잠잘 때도, 여행할 때도, 일할 때도 일을 한다. 똑같은 이유로 자신만의 콘텐츠를 가진 채널은 여러분이 무엇을 하고 있건 그 시간에 일한다. 이건 명백하게 자산이다. 심지어 여기에는 보유세도 없다.

역설적이게도 경제가 어려워지고 먹고살기 팍팍해질수록 블로그나 색다른 플랫폼을 통해 투잡 또는 부업으로 돈을 벌어보고자 하는 사람들이 늘어나면서, 관심은 예전보다 지금이 오히려 더 뜨겁다.

필자는 굉장히 오래전부터 콘텐츠 파이프라인이 필요하고, 콘텐츠로 노후를 준비해야 한다고 역설해왔지만, 결국 오랜 시간이 흘러서야 이 얘기가 맞는 거로 증명된다고 해도 그땐 이미 늦었다. 결국, 내 이야기를 믿든 믿지 않든, 그게 진실이든 아니든 그건 정말 하나도 중요하지 않다. 중요한 건 '지금 당장' 뭔가를 하는 것이다.

필자는 오래전부터 오프라인 강연처럼 비싼 수강료와 시간을 투자하는 분들을 대상으로 하는 게 아니라면, 다른 사람에게 블로그를 하라고 강요하지 않았다. 일단 강요를 하고 설득을 해봤자 다른 사람의 행동과 패턴을 바꾸는 건 너무나도 어려운 일이라는 걸 알기 때문이었다. 두 번째 이유는 사람들이 블로그를 많이는 보지만, 자신은 블로그를 하지 않을수록, 내 블로그, 그러니까 블로그를 하는 사람들에겐 더 많은 혜택이 가는 장점이 있으므로 이런 측면도 생각했다. 즉, 콘텐츠 소비자는 많은데 생산자는 적을수록, 콘텐츠 생산자들은 더 많은 이익을 얻을 수 있고 경쟁 우위를 점할 수 있다.

따라서 나에게는 두 가지의 선택지가 주어지는 셈이다. 다른 사람들을 블로그를 하게끔 하여서 프로듀서가 될 것인지, 아니면 다른 사람들을 블로그를 못 하도록 만들어서 내 블로그 자체에서 이익을 얻던지. 그런데 내가 전체에 영향을 줄 수 있는 범위는 매우 좁으므로, 내 선택지와는 무관하게 상황은 흘러간다. 대부분의 사람은 귀차니즘을 이겨내는 데 어려움을 겪고 뭔가 새로운 것에 도전하는 걸 두려워한다. 10줄짜리 글 한 편을 쓰는 것도 어려워하는 사람들이 주변에 수두룩하다. 자기 생각을 제대로 정리해서 세련되게 표현하는 일은 꽤 어렵지만, 익숙해지면 술술 나오는 특성도 있어서, 경력자에겐 쉬운 일이기도 하다. 이것이야말로 생산성 양극화의 사례이며 양극단 어디에 자리 잡을지는 본인의 선택이다.

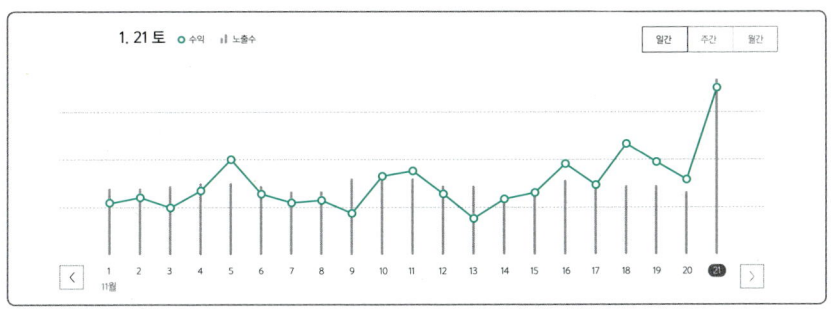

일주일 전에 썼던 블로그 글이 카카오와 다음 메인에 떠서 방문자 수가 대폭 늘었다. 대부분 블로그에는 광고가 달려 있으므로 광고 수익도 함께 늘었다. 필자는 이날 아무것도 하지 않았고 일주일 전에 쓴 글에는 손끝 하나 댄 적이 없다. 해당 글을 쓰기 위해 투자했던 비용은 회수한 것 같다. 이제 이 금액을 콘텐츠에 재투자하는 식으로 자신의 채널을 키워나가면 된다. **콘텐츠라는 자산은 느리지만, 아주 확실하게 삶을 바꿔준다.**

> 1. 블로그를 해야 할 이유보다 블로그를 하지 않을 이유를 찾는 게 훨씬 어렵다.
> 2. 익숙해지면, 블로그에 글을 쓰는 시간은 단축된다.
> 3. 블로그에 쌓인 콘텐츠는 여러분이 무엇을 하더라도 계속 일을 한다.
> 4. 전문분야가 없는 사람일수록 블로그 같은 콘텐츠 플랫폼을 활용해야 한다.

블로그로
얻을 수 있는 것들

필자는 오래전부터 오프라인에서 이뤄지는 블로그 교육을 진행해왔다. 지금까지 수강생분들이 이야기했던 소감 몇 가지를 정리해보았다.

> "나이 많은 아줌마예요. 인생을 살다 보니 가끔 허무해질 때가 있더군요. 세월은 빠르게 흘러가는데, 지금껏 도대체 무얼 했는지 남는 게 아무것도 없네요. 저는 여행이나 요리에도 관심이 많은데, 지금껏 이 핑계, 저 핑계 대면서 무언가를 새롭게 배워본 적이 없습니다. 호기심을 잃었다고 할까요? 우연히 알게 된 이 강의에서 블로그를 가르쳐준다고 하길래 큰마음 먹고 참가했습니다. 무언가를 새롭게 배운다는 사실에 벌써 설레네요. 열심히 배워서 흘러가는 세월에 대해 기록도 하고, 관심 있는 여행이나 요리에 관한 내용도 정리하고 싶습니다."

> "주부이자 직장인 아줌마입니다. 컴퓨터는 초보이지만 블로그에 관한 내용은 얼핏 알고 있습니다. 주변에서 자꾸 블로그, 블로그 하길래 한 번쯤 해볼까 했었는데, 알 수 없는 두려움에 그만 시작하지 못하고

있었습니다. 여가를 확실하게 활용하고 싶어요. 좋은 기회를 만났으니, 이번에는 확실하게 배우고 싶네요."

"블로그를 활용해서, 시민들과 소통하기 위해 이 자리에 참가했습니다. 나이는 많지만, 젊은이 못지않은 열정으로 열심히 주어진 일에 최선을 다하고자 블로그 개설을 하고, 사이버상에서 폭넓게 네티즌들과 소통하며 새로운 정보를 공유하고자 합니다. 블로그에서 주로 다루고 싶은 것은 생활입니다. 이제부터 내 블로그를 만든다는 사실이 참 즐겁습니다."

"수 십 년 동안 직장인 생활을 하다가 얼마 전 퇴사를 했습니다. 그동안 직장 일 때문에 배울 수 없었던 것을 최근에 열심히 배우고 있습니다. 이번에 블로그도 새롭게 배워보고자 참가하였습니다. 이것저것 많이 배우다 보니 직장 다닐 때보다 더 바쁘네요. 그래도 기쁩니다."

"타지에서 직장생활을 하다가 얼마 전에 고향으로 내려왔습니다. 현재는 지인의 일을 도우며 그럭저럭 살고 있습니다. 안타까운 사실은 제가 그동안 직장생활에 안주해서 미래를 제대로 준비하지 못했다는 겁니다. 나이 먹고 회사에서 퇴사하고 나니 실감이 나더군요. 그렇다고 특출나게 한 가지를 잘하는 것도 아니고요. 많이 늦었지만, 지금부터라도 미래를 제 손으로 준비하고 싶습니다. 그중에 블로그가 괜찮은 것 같아서 참가했습니다."

대부분의 수강생분이 블로그라는 단어 자체만으로도 두려움을 느끼는 듯하다. 대체로 수강생분들의 눈빛은 이렇게 이야기하고 있었다. "과연

제가 할 수 있을까요? 선생님?" 이야기가 모두 끝난 후, 세상에서 가장 확신에 찬 목소리로 말해준다.

"무조건 가능합니다!"

블로그가 당신에게 주는 유형 또는 무형의 이익은 다양하다. 정확한 방법과 꾸준한 노력만 뒷받침되면, 편리하게 여러분의 삶을 성공궤도에 올려놓을 수 있다. 내가 지금까지 조사했던 수많은 유형의 성공 도구들 중에서(시간관리나 노력 같은 추상적인 능력을 제외하면), 블로그만큼 효율적이면서도 성능 좋고, 확실한 도구는 없다.

특수한 상황을 가정한다면, 블로그보다 더 좋은 성공 도구들은 당연히 있다. 예를 들어 여러분이 스티브 잡스보다 더 혁명적인 제품을 출시하거나, 피카소보다 더 멋진 그림을 그려내거나, 베토벤을 앞지르는 음악을 만들거나, 월스트리트 금융전문가들보다 미래예측을 잘하는 주식투자의 '신'이라면, 곧장 성공을 거머쥘 수 있을 것이다. 그러나 이런 경우는 매우 드물다. 많은 시간, 노력, 투자, 위험을 감수해야 하기 때문이다. 우리는 지금 지극히 평범한 경우, 일반인이 일반적인 노력으로도 자신의 삶을 한 단계 끌어올릴 수 있는 도구를 말하고 있다. 그것은 역시 블로그다. 이쯤에서 내가 '당신은 할 수 있어요.' 라든가, '당신은 못할걸요?' 처럼 어떻게 생각하는지는 전혀 중요하지 않다. 다른 사람이 뭐라 하든 자신감을 가지고 반드시 목표를 달성하겠다는 마음가짐이 무엇보다 중요하다.

반드시 이기는 게임이 있다면 어떻게 할 텐가? 투자한 비용보다 되돌아오는 수익이 확실히 높다는 게 증명된 투자 상품이 있다면 어떨까? 친구들이 블로그를 하지 않는다는 게 본인이 블로그를 하지 않아도 될 이유가 될 순 없다. 블로그를 시작하려고 컴퓨터 앞에 앉기만 해도, 가슴이 답답하고 머리가 지끈거린다든지, 무슨 이야기를 적어야 할지 고민하면서 종일 머리채를 쥐어뜯지 않으면 안 될 명백한 이유가 있는가? 나중에는 왜 블로그를 이렇게 늦게 시작했는지 안타까운 마음을 느끼게 될 것이다.

이 책은 파워블로그가 되는 방법이라든지, 블로그 마케팅에 최적화된 방법론적인 해설이 아니다. 이 글은 당신이 블로그를 확실하게 시작할 수 있도록 돕고, 그것으로 인해 당신의 삶을 한 차원 높은 단계로 만들어 줄 인사이트며 이런 마인드셋은 기술을 알려주는 교육보다 훨씬 더 중요하다.

지금쯤 무척 궁금해진 독자도 있을 것이다. 블로그가 무슨 요술의 램프도 아니고, 무엇 때문에 원하는 것을 얻을 수 있다고 이렇게 확신하는지가 궁금할 것이다.

블로그를 통해 얻을 수 있는 것들을 모두 열거한다면 지면이 대단히

- 돈(실제 현금)을 벌 수 있다.(광고료, 원고료 등)
- 퍼스널 브랜드를 통해 명성을 얻을 수 있다.
- 블로그를 운영하는 중에 전문지식이 쌓여 전문가가 된다.
- 자신의 책을 쓸 수 있다.
- 글쓰기와 말하기 등 커뮤니케이션 실력을 키울 수 있다.
- 온라인 마케팅의 기본적인 이론과 실제 테스트를 자연스럽게 진행할 수 있다.
- 콘텐츠의 공유와 소통으로 체험단, 인플루언서 PPL 등을 활용하면 여러 가지 상품을 얻을 수 있다.
- 무료 체험권(식사권)을 얻을 수 있다. 인기가 있다면 원하는 상품을 골라 갈 수 있다.
- 강연이나 인터뷰 기회를 얻는다.

부족해지므로 큰 틀에서 요약하자면, 다음과 같은 것들을 얻을 수 있다.

구성하기에 따라서 하나만 얻을 수도 있고 여러 개를 동시에 얻는 것도 가능하다. 이 외에도 많은 것들이 존재한다. 지금 이 시간에도 블로그를 통해 얻을 수 있는 것들은 계속해서 늘어나고 있다. 앞으로 책에서는 이런 것들을 어떻게 얻을 수 있는지에 대해 이야기할 것이다. 지금부터 당신이 해야 할 일은, 위와 같은 사실을 인정하고 받아들이는 것이다. 그리고는 이 글에서 권유하는 생각이나 방법에 따라 블로그를 시작하고, 중도에 포기하지 말고 끝까지 해보는 것이다.

블로그를 마치 텅 빈 흰색 도화지라고 생각하라. 무슨 색으로 그림을 그리든 그것은 자유다. 그림을 그릴 재료가 되는 물감은 생각에서, 붓은 손끝에서 나온다. 즉, 자신의 생각이 손끝을 타고 블로그에 올라가는 것이다. 머릿속에 있던 이미지가 도화지와 물감을 만나면 눈에 보이는 그림이 되듯이, 당신의 생각이 블로그를 만나면 드디어 눈에 보이는 현실이 된다. 이게 그 말로만 듣던 콘텐츠라고 하는 것이다!

블로그의 어원은 WEB+LOG의 약자다. 인터넷에 쓰는 기록이라는 의미다. 따라서 대부분의 블로그 글은 후기 형태로 작성되며 다른 사람에게 공개된 특성상 필요한 사람에게 도움을 주는 방식으로 만들어진다.

여러분의 블로그는 방문자에게 특정한 도움을 주는 형태로 완성된다. 이것이 가장 이상적인 블로그의 형태다. 그리고 이상적인 블로그의 형태는 더욱더 빠르고 더욱 확실하게 원하는 것을 얻게 해준다.

1. 블로그를 통해 얻을 수 있는 이익을 생각해보면, 반드시 이기는 게임에 가깝다.
2. 블로그를 운영할 땐, 특정한 기술보다 꾸준히 운영하겠다는 마음가짐이 중요하다.
3. 다른 콘텐츠 플랫폼처럼 블로그 역시 농사다. 열매는 한참 뒤에 얻을 수 있다.
4. 블로그는 WEB+LOG의 약자로 인터넷에 쓰는 일기라는 뜻이다. 따라서 블로그 글은 일기처럼 써야 한다. 대부분이 후기 형태다.

PART 02

블로그 글쓰기에도 나만의 스타일이 필요

콘텐츠의
스타일

　콘텐츠는 내용을 뜻한다. '네가 말하고자 하는 게 도대체 뭐야?'다. 주제를 뜻할 때도 있고 내용 전체를 뜻할 때도 있다. 쉽게 이야기해서 사람이 만들어내는 창작활동의 결과물이 바로 콘텐츠다. 산업별로는 출판(책), 사진, 미술(그림), 게임, 영화, 음악, 애니메이션 등이 있고 여기에서 또 캐릭터, 스토리 등으로 세분화된다.

　콘텐츠는 OSMU(One Source Multi Use)가 가능해서 하나의 산업에만 한정되지 않는다. 예를 들어 해리포터 시리즈는 소설책과 영화, 게임, 장난감 등으로 확장된다. 뽀로로는 애니메이션에서 책, 캐릭터 인형과 각종 상품에서 볼 수 있다.

과거의 콘텐츠는 소수의 전문가 집단만이 제작할 수 있었다. 방송 프로그램을 아무나 만들 수는 없지 않은가? 언론 기자 시험은 높은 경쟁률을 자랑했고 영화나 음악은 말할 것도 없었다. 기타 실력이 수준급이어도 음반 제작사의 눈에 들지 못하면, 대중에게 음악을 들려줄 방법은 없었다. 세상에서 제일 재미있는 게임을 만들었다고 하더라도, 이 게임을 상품으로 만들어 판매해줄 판매사가 없으면 말짱 꽝이었다.

인터넷의 등장으로 콘텐츠 업계는 불판 자체가 바뀌었다. 오늘날에는 누구나 콘텐츠를 제작하여 대중에게 선보일 수 있다. 프로듀서는 사운드클라우드, 글쟁이는 개인 블로그나 SNS에서, 사진작가는 인스타그램에서, 동영상은 유튜브, 게임은 앱스토어를 이용해 누구나 자신의 콘텐츠를 대중에게 알릴 수 있다.

누구나 콘텐츠를 제작하고 발표할 기회는 나에게도 해당하지만 다른 이에게도 해당 한다. 그렇기 때문에 오늘날의 콘텐츠 크리에이터들은 무수히 많은 콘텐츠 제작자들과의 스파링을 해야 한다. 이런 치열한 경쟁을 통해 더 좋은 콘텐츠가 발굴되고 가격은 더 저렴해지므로 소비자에게 이득이 된다. 소비자에게 이득이 된다는 건 더 많은 소비자가 콘텐츠 산업으로 몰려드는 결과를 낳는다. 과거에 음악 앨범 하나는 1만 원이 훌쩍 넘었지만, 지금은 스트리밍 서비스를 통해 원하는 음악을 원하는 만큼 무제한으로 들으면서도 9천 원만 내면 된다.

콘텐츠가 곧 특색이다

콘텐츠를 만드는 사람 입장에서 봤을 때 경쟁자가 많다는 뜻은 평범함으로는 승부하기 어렵다는 뜻이다. 자신만의 독특한 스타일이 있어야만 독자들에게 어필할 수 있다. 콘텐츠의 스타일은 한글로 바꾸면 '형식'이다. 하지만 형식이라고 하면 이해가 어렵고 혼동의 소지가 있기 때문에 여기에서는 스타일이라는 용어를 사용한다. 콘텐츠는 사람이 자신만의 창의력과 상상력 등을 총동원해서 제작하는 객체다. 현재 기술로서는 오직 사람만이 콘텐츠를 만들 수 있다. 소설을 쓰는 로봇이 있다는 뉴스를 본 적이 있지만, 아직 주목할만한 단계는 아닌 것 같다.

콘텐츠는 사람이 만드는 특성상 그 사람만의 매력이 드러나게 된다. 콘텐츠를 만들면 만들수록 스타일은 정립되고 강화된다. 콘텐츠를 많이 만들고 자주 만들수록 스타일은 다듬어지고 정교해진다.

내 사진을 자주 보는 SNS 구독자분들은 그 특정한 시점과 포커스, 색감에 익숙해져 있어서 다른 곳에서 내 사진을 봐도 누가 찍은 것인지 금방 알아차린다고 한다. 이건 글이나 동영상도 마찬가지다. 만드는 사람이 좋아하는 스타일과 흐름이 있어서 제작자의 이름을 밝히지 않더라도 콘텐츠 스타일만으로 그 사람이 누구인지 알아낼 수가 있다. 익숙한 사람의 향기 같은 게 콘텐츠에서 나타난다.

이야기를 풀어내는 방식

글을 포함한 모든 콘텐츠는 제작자로서는 항상 발전시켜나가야 하는 애물단지라고 할 수 있다. 콘텐츠가 더 이상 발전을 할 수 없다면, 콘텐츠를 만들어야 할 이유도 사라진다. 이건 마치 영원의 삶을 살 수 있게 되면(죽지 않게 되면), 인생이 무료해지는 것과 같다.

현재 자신의 스타일이 부족하고 완벽하지 않다는 뜻은 바꾸어 이야기하면 더 발전할 가치가 있다는 의미다. 채워야 할 공백이 있다는 건 좋은 일이다. 그 공백을 스타일로 채워나가면 된다. 자신만의 스타일을 가지는 것은 꼭 나르시시즘이 아니라고 해도 매력적이라는 점은 분명하다. 어렵지만, 도전할만한 가치는 충분하다.

한 번 굳어진 스타일은 잘 변하지 않는다. 고객이나 독자들은 그의 스타일을 좋아하는 것이지 단순 메시지를 좋아한다고 보기는 어렵다. 똑같은 이야기는 여기에도 있고 저기에도 있다. 이야기를 풀어내는 방식이야말로 사람을 끌어당기는 밧줄이다.

이것도 저것도 아닌 짬뽕 같은 스타일은 가장 경계해야 할 콘텐츠 제작 방식이다. 다른 사람의 스타일을 참고하고 따라 하려는 시도는 양날의 검으로 작용한다. 계속 그 사람을 따라 해서는 아류밖에 되지 않는다. 참고는 하되 언젠가는 자신만의 스타일을 구축해야 한다. 자신만의 스타일을 만들기 위해서는 자신의 제작 방식, 그러니까 자신이 글을 쓰는 방식이나 사진을 찍는 방식에 자신감을 가져야 한다. 콘텐츠 제작자 중에는 경험이 충분한데도 다른 사람을 계속 따라 하는 사람들이 있다. 그들은 자신의 콘텐츠에 자신감이 없어서 다른 사람을 따라 하려는 유혹을 이기지 못한다. "내 콘텐츠가 실패한 건 내 잘못이 아니라 내가 따라 한 저 사람 잘못이거든!"

"유능한 예술가는 모방하고, 위대한 예술가는 훔친다!"

자신만의 스타일을 표현하는 걸 염두에 두고 글을 쓰고 사진을 찍는다면, 우리는 좀 더 독자를 만족시킬 수 있는, 적어도 자기 자신은 만족하는 콘텐츠, 즉 자신만의 콘텐츠를 만들 수 있다.

---

1. 콘텐츠는 내용을 뜻하며, 이 내용을 차별화할 수 있어야 한다.
2. 오늘날에는 누구나 콘텐츠를 제작해서 노출할 수 있다. 우리는 이 기회를 잘 활용해야 한다.
3. 콘텐츠는 사람이 만드는 특성상 그 사람만의 매력이 담긴다.
4. 콘텐츠를 꾸준히 제작하다 보면 자신만의 스타일이 자연스럽게 정립된다.

네이밍의 중요성

만일 당신이 은행나무와 폭포가 아름다운 공원의 이름을 지어야 한다면 어떤 이름을 붙여주겠는가? 아마도 '은행나무 공원'이나 '폭포공원'이라고 붙여줄 것이다. 경상북도 안동시에서도 그렇게 했다. 충분히 이해가 가는 일이다.

공식 명칭은 안동댐쉼터였고 안동폭포공원이었다가 낙강물길공원으로 변했다. 2017년 어느 날, 누군가에 의해 아주 근사한 별명이 등장하는데 바로 '안동 비밀의 숲'이라는 네이밍이었다.

일반적으로 위치를 가지는 여행 스폿이란 그저 신경 써서 잘 만들고, 예산을 쏟아붓고, TV 광고를 집행하고, 공사를 통해 포토존을 만들고, 벤치와 주차장을 확장한 다음, 요즘 유행하는 꽃들을 심기만 하면 성공한다고 생각하는 담당자가 너무나도 많다. 현실은 절대로 그렇지가 않은데도 말이다.

마케팅은
기억과 인식의 전쟁이다

　지역에서 네이밍과 브랜드의 중요성에 대한 인식은 낮은 편이다. 안동 수돗물 명칭인 상생수의 로고 디자인 공모의 수상자 중 안동 시민이 한 명도 없었다. 기업 환경에서도 비슷하다. 작은 기업일수록 상품의 퀄리티만 좋다면 무조건 성공할 수 있다는 환상에 사로잡힌다. 상품의 질 못지않게 중요한 게 이름인데도 말이다.

　이제 시민들과 여행객들은 '안동 비밀의 숲'을 고유명사가 아니라 보통명사로 쓴다. 검색 포털이나 인스타그램에다가 검색만 해봐도 알 수 있는 사실이다. 낙강물길공원은 상대적으로 기억하기 힘들고 발음이 어렵다. '낙강 물길'이라는 게 구체적으로 무엇을 뜻하는지도 불명확하다. 하지만 '비밀의 숲'은 한 번만 들으면 기억 속에 돌풍처럼 스며들어 오래도록 기억할 수 있다.

　안동 시내에서 지나가는 사람을 붙잡고 '낙강물길공원'을 들어본 적이 있냐는 설문 조사를 한다면, 낮은 확률로 안다는 답변을 들을 것이다. 하지만 그 단어가 '비밀의 숲'이라면 (현재 데이터상) 최소 33%까지 끌어올릴 수 있다.

　안동 비밀의 숲이라는 별명을 퍼트린 장본인에게는 왜 그 명소를 대대적으로 오픈해서 '더 이상 비밀이 아닌 비밀의 숲'으로 만들었냐는 질문을 많이 한다. 그러나 그들이 망각하고 있는 한 가지는 정작 본인들도 누군가가 올려놓은 콘텐츠를 보고 그 장소를 알게 됐다는 사실이다.

크리에이터
= 카피라이터

별명을 짓는 것이, 성공적으로 네이밍 하는 것이 어려운 일이라고 생각하는가? 절대 그렇지 않다. 오히려 대단히 단순하다. 단, 어떤 이름이나 아이디어를 고객 집단의 기억 속에 안착시키는 게 가능한 상태여야 한다. 즉, 마케팅 파워를 가지고 있어야 한다. 아무도 불러주지 않는 이름이라면, 이름이 없는 것과 같다. 온라인에서 인기를 끌지 못하면 오프라인에서도 인기를 끌지 못한다. 과거와 달리, 요즘 콘텐츠 업계에선 온라인과 오프라인의 콘텐츠를 더 이상 명확하게 나누지 않는다.

이름 또는 명칭은 무척이나 중요해서 아무리 강조해도 지나침이 없다. 코카콜라와 애플, 삼성, 디즈니 등 우리가 떠올릴 수 있는 대부분의 단어가 해당 카테고리의 리더들이며 보통명사처럼 쓰인다. 코카콜라는 다양한 콜라 제품 중 하나일 뿐이지만, 대부분의 경우에 '코크'가 곧 '콜라'로 통한다.

품질이 좋은 것보다 이름이 좋은 게 낫다. 품질은 언제라도 향상할 수 있지만 이름은 그렇지 않기 때문이다. 책 쓰는 작가들이 제일 오래도록 고민하는 분야는 책 제목이다. 네이밍이 성공 여부를 결정짓는다고 해도 과언이 아니다. 블로그를 할 때도 똑같은 법칙이 적용된다. 여러분이 사용할 블로그 이름, 닉네임, 그리고 포스트 하나의 제목까지… 네이밍은 블로그에서 가장 중요하다고 할 수 있다.

이름을 짓는 행위, 네이밍은 그 가치가 명백한데도 불구하고 중요성이 낮게 평가되어 있다. 콘텐츠 크리에이터들은 제목을 잘 지어야 한다. 제목이 생명이고 심장이며 핵심이다. 제목에서 인기를 끌지 못하면 내용은 읽히지 않는다. 당신의 콘텐츠가 충분히 멋진데도 인기가 없다면, 네이밍이 이상한 건 아닌지 점검해보자.

예전 콘텐츠 관련 조직에서 근무할 때 극장용 3D 애니메이션을 제작한 적이 있다. 이때 프리 프로덕션 단계에서 캐릭터 이름을 정하는 데만 3개월이 넘게 소요됐다. 매일같이 회의하고 관계자들에게 설문조사를 했으며 데이터를 쌓았지만, 결정은 매우 힘들었다. 그만큼 이름은 중요하다.

어떻게 하면 제목을 잘 지을 수 있을까? 어떻게 하면 이름을 잘 정할 수 있을까? 이런 고민이야말로 콘텐츠 크리에이터들의 출발선이다. 크리에이터라면 모두가 카피라이터가 되어야 한다.

> 1. 품질 못지않게 중요한 건 이름이다.
> 2. 성공적인 네이밍은 훈련이 필요하지만, 불가능한 건 아니다.
> 3. 블로그 포스트에서 가장 중요한 건 제목이다.
> 4. 글쟁이라면 누구나 카피라이터가 되어야 한다.

제목을 짓는 요령

"제목이 가장 중요합니다!" 여러분이 작가 수업을 듣거나 크리에이티브 관련된 교육을 받는다면 제일 첫 시간에 배우는 주제가 바로 제목에 대해서일 것이다. 작가나 블로거, 유튜버까지 포함해서 제목이란 게 있는 콘텐츠에서는 다른 것보다 제목이 중요한데, 전체를 100이라고 쳤을 때 제목이 최소 50은 담당한다.

그런데 제목이 왜 중요할까? 제목은 보통 자극적으로 짓는다. 책을 낸다고 했을 때, 제목은 출판사에서 요구하는 경우도 있고 작가 스스로 자극적으로 짓는 경우도 있다. 제목은 가능하면 자극적이게, 말초신경을 자극하도록, 문제가 많도록, 호기심을 유발하고, 직관적으로 짓는 게 법칙이다. 내용과 어느 정도 연계성이 있다고 할 때, 제목은 가능하다면 최대한 자극적이어야 한다.

제목은 콘텐츠의 이정표

평범하면서 고급스럽지만 아무도 보지 않는 글 vs 자극적이고 신경적이면서 다양한 논란이 예상되지만 많은 사람이 보는 글. 어떤 게 더 좋은 걸까? 후자다.

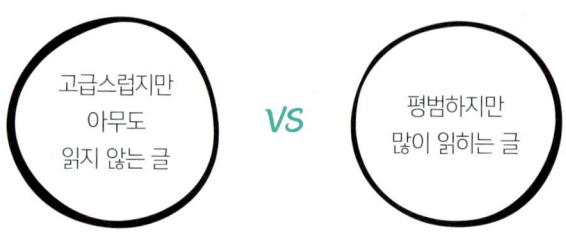

아무도 보지 않는 글은 그것이 다이아몬드 같은 글이라고 해도 콘텐츠적으로 쓸모를 가지지 않는다. 한마디로 없는 것이나 마찬가지다. 어떤 형태의 콘텐츠든 보는 사람이 없다면 존재하지 않는 것과 같다.

보통 글쓰기에 좀 자신 있다고 스스로 평가하는 사람 중에는 자신이 공개된 공간에 글을 쓰면 무조건 인기가 있을 것이라고 자만하는 경향이 있다. 이건 초보 블로거들이 흔하게 저지르는 실수로 오만에 가깝다. 쉽게 이야기해서 초보 블로거일수록 본인이 글을 잘 쓴다고 생각한다. 하지만 막상 써놓은 글을 읽어보면, 맞춤법과 띄어쓰기는 형편없고 가독성은 달나라에 가 있는 데다가 당연히 재미도 없다. 결국 인기를 끌지 못한다. 메시지도 찾아보기 힘들다. 시간을 들여 읽어봐도 도대체 무슨 이야기를 하고 싶은 건지 알 수 없는 글들이 셀 수도 없을 만큼 많다.

아무도 보지 않을 법한 글을 왜 쓰냐는 질문에 그들은 보통 '나는 남들이 보라고 글을 쓰는 게 아니다'라고 답변한다. 여우의 신 포도다.

남들이 볼 필요가 없는, 혼자만의 글이라면 왜 공개된 공간에 시간을 들여 글을 쓸까? 일기장이나 다이어리, 아니면 비공개로 글을 쓰는 방법도 있다. 자신만이 볼 수 있는 스마트폰 메모장에 자신의 일기를 오래도록 기록하는 사람도 필자는 많이 알고 있다. 공개된 공간에 글을 쓰기 시작하는 순간부터 남들에게 보여주는 글을 쓰는 것이다. 그러려면 다른 사람(1명이라도 더)에게 더 많이 노출되어야 한다.

사람들에게 자신의 글을 더 많이 노출하는 가장 효과적인 전략이 제목을 잘 짓는 것이다. 제목을 잘 짓기 위해서는 훈련과 경험이 필요하다. 제목의 중요성이 수치상 50%는 넘기기 때문에 제목만 잘 지어도 절반은 성공인 셈이다. SNS에 쓰는 마구잡이 글조차도 제목은 있어야 한다. 저널리즘을 공부한 작가나 기자들은 제목 짓기에 능숙해서 어떤 글을 써도 관심을 받을 수 있다.

제목은 전체의 요약이자 독자들이 이 글을 읽을지 말지를 결정하는 단 하나의 이정표다. 제목에서 흥미를 끌지 못하면 내용이 아무리 좋다고 한들 읽는 이가 없을 것이다.

글 한 편을 쓰는 시간이 30분이라면, 제목을 짓는 시간이 최소 15분, 아니면 20분은 차지해야 한다. 그만큼 제목이 중요하다. 제목을 제대로 짓지 못하면 결코 블로거로서 원하는 결과를 얻을 수 없다. 요즘에는 글쟁이뿐만 아니라 크리에이터들도 제목 짓기에 열중이다. 글쓰기 관련된 책과 카피라이팅에 관한 책을 읽어보면 도움이 된다.

출판사에서는 다양한 경험과 안목을 갖추고 있으므로 책 제목을 지을 때 출판사 담당자의 의견을 수렴해보는 것도 좋은 전략이다. 비즈니스 작가라면 편집장이나 데스크에서 제목을 어느 정도 컨트롤해준다. 검수 과정이 없는 블로그나 유튜브, 브런치 등 1인 미디어에서는 어떨까?

개인이 하는 매체는 전문 카피라이터를 고용할 수 없는 환경이기 때문에 본인 스스로 제목을 잘 짓도록 성장하는 방법뿐이다. 인기 있는 글들을 많이 보고 그들이 왜 이런 식으로 제목을 지었는지 공부해야 한다. 제목을 잘 짓는 법에 대한 책들도 서점에는 많이 나와 있다.

인기 있는 콘텐츠의 제목 구조

필자는 초보 블로거 때 인기 있는 글을 너무 쓰고 싶었다. 제목을 이용해 어떻게 하면 사람들을 끌어모을 수 있을지 연구하기 위해 포털 메인에 걸린 블로그 글들을 오래도록 모아서 제목들을 분석하고 주요 키워드들을 정리해본 적이 있다. 내가 여기에서 알아낸 사실은 대부분의 제목에는 약간의 패턴이 있고 자주 사용되는 단어가 있으며 주제에 따라 많이 사용되는 문장 구조가 있다는 것이었다.

내가 분석한 제목의 공통된 패턴들은 다음과 같다.

- 무엇 무엇 하는 방법 10가지
- 내가 무엇무엇 한 이유
- 이것 이것이 저것 저것이라고?
- 이것을 저것으로 한 후기
- 왜 무엇무엇 할까?

제목은 보통 30자 이내로 압축해서 쓰는 게 일반적이지만, 조금 더 길어져도 관계는 없겠다. 콘텐츠에서 제목이 중요하다는 사실은 인터넷 콘텐츠의 로직을 만들 때도 적용된다. 실제로 HTML 〈title〉 태그는 검색에 큰 비중을 차지한다.

제목을 짓는 요령은 훈련이 반드시 필요하다. 그래서 제목을 많이 지어봐야 한다. 제목을 많이 지어보려면 글을 많이 써야 한다. 효과적인 제목을 지을 수 있다면, 당신의 글도 다른 사람 못지않은 인기를 얻을 수 있다. 3줄짜리 일기에도 제목을 달아보는 습관이 필요하다. 인스타그램과 페이스북에 셀카를 올릴 때도 제목을 지어보자. 일상에서 연습하는 게 제일 좋은 공부 방법이다.

• • •

1. 원하는 목표를 빨리 달성하기 위해서 제목을 자극적으로 지어야 한다.
2. 아무도 읽지 않는 글보다는 평범하지만, 많이 읽히는 글이 훨씬 낫다.
3. 제목을 잘 짓기 위해서는 경험과 훈련이 필요하다.
4. 인기 있는 콘텐츠의 제목에는 공통점이 있다.

작가들이
글을 쓰는 방법

　필자는 지난 몇 년간 여행기자와 여행 리포터 등의 활동을 하면서 여러 명의 작가를 만났다. 경북 영양 출신의 삼국지로 유명한 이문열 작가를 비롯해서 객주라는 작품으로 유명한 김주영 작가, 그 외 이름만 들으면 알 만한 여러 작가를 만났고 그들의 강연, 담소 자리를 통해 작가들의 이야기를 들을 수 있었다. 또한 나 역시 책 쓰는 작가로서 나와 비슷한 작가들을 많이 알게 됐고 다양한 공간에서 작가들의 이야기도 들어볼 수 있었다.

　이 모든 이야기를 종합해보면, 공통점이 하나 있는데 대부분의 작가는 정해진 시간에 매일 글을 쓴다는 점이었다. 물론 한 줄도 못 쓸 때도 있고 생각 이상으로 많은 글을 쓰는 날도 있을 것이다. '글을 얼마나 썼나?'가 중요하다기보다는 '오늘도 글을 썼나?'가 중요한 게 바로 작가의 시선이다. 어떤 콘텐츠든, 특히 글은 양이 모든 걸 증명하진 않는다. 책 한 권보다 더 효과적인 하나의 문장도 있다.

작가는 매일 쓴다.

작가들은 치명적인 단어들의 조합을 생각한다. 그들은 매일 쓴다. 중요한 건 글을 쓰는 행위 자체가 아니라 반복에 있다. 그들은 매일 쓴다. 매일! 매일 글을 쓰는 행동이 얼마나 어려운지 알고 싶다면, 우리 주변에 작가가 얼마나 있는지 보면 된다. 여기에서 이야기하는 건 글쓴이를 뜻하는 작가다.

매일 글 쓰는 건 얼마나 어려울까?

우리가 일주일간 매일 글을 써야 한다는 미션을 받는다면 어떨까? 그것도 매일 정해진 시간에. 물론 조건은 생업을 유지하면서다. 7일 정도는 조금만 노력하면 누구나 매일 글을 쓸 수 있다. 하지만 70일이라면 이야기는 달라진다. 70일간 매일 정해진 시간에, 그것도 생업을 유지하면서 글을 쓸 수 있을까? 굉장히 힘들 것이다. 블로거나 작가에 도전했다가 포기하는 사람 중 대다수가 매일 글 쓰는 게 어렵다는 말에 고개를 끄덕인다.

빠른 성장을 원하는 블로거가 되고 싶거나 작가가 되고 싶다면, 매일 글을 써야 한다. 변명은 다른 사람에겐 통할지 몰라도 자기 자신에겐, 그리고 글에겐 통하지 않는다. 철학에서 이야기하는 것처럼 다른 사람은 속여도 자기 자신은 결코 속일 수 없다.

작가들은 지겹도록 매일 글을 쓴다. 하지만 생각과는 다르게 작가들이 온종일 글만 쓰진 않는다. 전업으로 글을 쓰는 작가는 의외로 드물다. 오늘날에는 책을 읽는 사람이 많지 않은 데다가 글을 쓰는 행위 자체가 시간이 여유롭다고 해서 반드시 좋은 글이 나온다는 보장도 없기 때문이다. 오래 쓴다고 능사가 아니다. 또한, 글을 쓰려면 특정 분야에 대해 어느 정도 전문성이 있어야 하고 그것에 대해 연구하고 공부하는 시간이 동반되어야 하는 까닭에 온종일 글을 쓰는 작가는 거의 없다.

유명한 작가들이 얼마나 자료조사를 많이 하는지 직접 보면 깜짝 놀라게 된다. 그들이 자료 조사할 때를 보면, 사소한 것 하나도 사진으로 촬영하고 메모를 하고 녹음을 해둔다. 그들의 작업실에는 엄청난 양의 자료들, 즉 데이터베이스가 있고 그 자료들을 바탕으로 글을 토해내듯 써 내려간다.

이런 자료조사 기간, 그리고 글을 쓰는 기간과 시간, 전문성의 필요 등을 고려할 때 오로지 글만 쓴다고 해서 반드시 작가로서 성공하는 건 아니다. 오히려 자신의 전문분야에서 생업을 유지하며 그것을 바탕으로 글을 썼을 때 더 효과적인 메시지를 전달할 수 있다.

작가에게 다양한 경험은 필수다. 보통 작가들은 말보다는 글로 쓰는 걸 더 좋아한다. 그러니까 작가가 되려고 하는 것이지만, 작가 중에는 말이 많은 사람도 있다. 공통으로 그들은 이야기하는 걸 좋아한다. 이야기하는 방식은 글이 될 수도, 말이 될 수도 있다. 작가들은 뭔가를 소개하고 알려주는 것에 희열을 느낀다. 전달하는 방식이 다를 뿐이다. 요즘에 크리에이터라고 부르는 사람들 역시 기본적으로는 작가의 마인드와 다르지 않다.

글쓰기에서 중요한 것

글을 쓰기 위해서는 생각을 잘 정리하는 게 중요하다. 그래서 작가들의 주된 취미 중 한 가지가 산책이다. 욕조에서 유레카를 외쳤던 것처럼 길거리의 잡초 한 포기에서도 쓰고자 했던 글의 아이디어를 얻을 수 있다. 조용하게 걷다 보면 생각을 정리하는 데 큰 도움이 된다.

매일 글을 쓴다고 해서 오래도록 글을 쓰는 건 아니다. 길어봤자 4시간 정도이고 이것도 전업 작가일 때나 그렇다. 보통은 하루에 한두 시간 정도이고 더 짧을 때도 있다. 글 쓰는 시간과 생각을 일목요연하게 정리하는 시간이 따로 분리되어 있으므로 글 쓰는 시간 자체는 그리 길지 않다. 포인트는 만족스러운 글을 썼느냐이고 매일 글을 썼는지다.

급진적으로 다이어트를 하는 사람이 아니라면 우리는 매일 밥을 먹는다. 작가들은 글 쓰는 걸 밥 먹듯이 한다. 그러니까 매일 이다.

어제 썼던 글이 모조리 쓰레기통으로 처박히는 경우도 심심치 않게 있다. 한 달 동안 썼던 스토리를 모조리 갈아엎어야 할 때도 왕왕 발생한다. 결과물이 없다고 해서 글을 쓰지 않은 것은 아니므로 작가에게 이런 행동은 큰 문제는 아니다. 작품 완료가 좀 늦어질 뿐이다. 작가들은 보통 자기 작품에 대해서만큼은 상당한 프라이드를 가지고 있기 때문에 스스로 만족하지 못하는 작품은 본인이 파괴해버린다. 장인정신이다.

작가들은 글 쓰는 행동을 습관으로 만든다. 습관처럼 글을 쓰는 것이다.

당신이 만약 100일 동안 매일 정해진 시간에 글을 썼는데 101일째 되는 날 어떤 상황에 의해 글을 쓰지 못했다고 해보자. 이때에는 마치 금단증상 같은 이상한 기분이 들고 입안에 가시가 돋는 느낌을 받을 것이다. 사람은 매일 정해진 시간에 하던 걸 못하게 되면 원래 이런 느낌을 받는다. 습관을 만드는 건 어렵지만, 한 번 만들게 되면 그다음부터는 쉬워진다. 그때부터는 내가 글을 쓰는 게 아니라 내 습관이 글을 쓴다.

정리하자면, 작가들은 글을 쓰고 싶어서 쓰는 게 아니라 자기도 모르게 습관처럼 쓴다. 이것이야말로 작가다. 전하고 싶은 메시지가 있어서 쓸 때도 있지만 보통은 기계처럼 반복적으로, 루틴으로, 계획적으로 글을 쓴다.

필자는 보통 이른 새벽이나 아침에, 머리가 맑을 때 글을 쓰는 편이지만 라이프사이클에 따라서 밤늦게 쓰는 작가들도 많이 봤다. 글을 쓰는 타이밍은 크게 중요하지 않는 듯하다.

매일 글을 쓰는 사람과 쓰고 싶을 때 쓰는 사람의 글은 천지차이다

글이라고 하는 건 컨디션이나 기분에 따라 분위기가 달라지기 때문에 완벽하게 똑같은 글을 일주일 뒤에 아무런 자료 없이 또 쓸 수는 없다. 따라서 저장과 관리, 백업 등이 매우 중요하다. 다행스러운 건 글이라는 매체는 용량이 크지 않고 어디에나 쉽게 저장할 수 있다는 것이다. 저장, 백업, 관리만 할 수 있다면 꼭 전문적인 프로그램이 아니어도 된다. 클라우드와 연결된 스마트폰 메모장도 좋은 선택이다.

작가가 되고 싶다면 일단은 매일 뭐라도 써야 한다. 그게 뭐든 관계는 없다. 그리고 그 글들이 어떻게든 저장, 백업, 관리, 아카이브 되어 있어야 한다. 언제 예전에 썼던 글을 다시 참고해서 써야 할지는 아무도 모른다. 이런 아카이브 장소로 가장 좋은 것이 역시 블로그다. 검색이 가능하고 자신의 글을 자신이 검색해서 나중에 볼 수도 있다. 다른 사람에게 공유되어 있고 링크를 통해 퍼져나갈 수도 있다. 운이 좋다면 포털 메인에 떠서 하루 만에 몇만 명의 사람들이 내 글을 읽어줄 수도 있다. 글뿐만 아니라 멀티미디어를 함께 활용해서 자신의 일상과 삶을 시간순으로 착실하게 기록해둘 수 있는 플랫폼이 바로 블로그다.

1. 작가는 매일 쓴다.
2. 매일 무언가를 하는 일은 대단히 어려운 일이며, 누구나 할 수 있는 게 아니다.
3. 글을 잘 쓰려면, 생각을 정리하는 연습을 해야 한다.
4. 글쓰기 시간이 길다고 해서 반드시 글을 잘 쓴다는 보장은 없다.
5. 블로그에 글을 쓰는 행동을 습관화하면, 나중에는 습관이 대신 글을 써준다.

사람들은 스토리에 반한다.

　스토리에는 이야기가 있다. 스토리는 인류 역사상 가장 오래된 메시지 전달 방법이며 우리 DNA에는 이야기를 좋아할 수밖에 없도록 만들어진 세포가 있는 게 분명하다. 역사, 소문, 친구의 일상, SNS에 올라오는 다양한 현재들. 우리는 모두 그것을 궁금해하고 듣고 싶어 하며 재미있어한다.

사람들은 드라마를 좋아한다.

　인간은 감성적으로 살아간다. 일부 마케팅 방법에선 고객을 이성적인 존재라기보다는 감성적인 존재로 가정한다. 약간의 이야기를 조미료처럼 첨가하면 이성은 온데간데없고 감성적인 판단으로 제품이나 서비스를 구매하도록 유도할 수 있으며 이것은 콘텐츠 마케팅을 진행할 수 있도록 해주는 원동력이다. 스토리텔링이란 단어는 유행처럼 번져있지만, 사실은 새로운 게 아니다.

스토리를 가지는 방법

깜짝 놀랄만한 흥미로운 이야기는 대중을 집중하게 만든다. 우리가 소비하는 수많은 문화 콘텐츠들, 이를테면 영화나 드라마, 예능과 오디션 프로그램, 음악, 자극적인 뉴스 보도들까지 전부 이야기를 갖고 있다. 우리는 이야기를 듣고 판단 내리길 원한다. 판단은 본인의 몫이다. 하지만 적절한 방법을 사용한다면, 그 판단을 암묵적으로 어느 정도 강제할 수도 있다. 홈쇼핑에서 10분 뒤에 터지는 폭탄 이미지를 활용하거나 '째깍째깍' 소리 나는 오디오가 나오는 건 실수가 아니다. 대형할인점에 창문과 시계가 없는 것도 비슷한 이유다.

제품이나 음식뿐만 아니라 한 명의 개인도 스토리를 가져야 한다. 아무런 이야기도 없는 사람에게 매력은 존재하지 않는다. 언변이 화려한 것과는 별개로 다양한 이야기를 할 수 있다면 그는 인기를 끌 수 있다. 1년 동안 유럽을 도보로 여행했던 사람 VS 1년 동안 집에서 게임만 한 사람 중 만나서 이야기를 들어보고 싶은 이를 골라보시라.

스토리를 가진 이는 삶을 모험적, 그리고 도전적으로 산다. 포기하는 법을 알아야 새로운 스토리를 가질 수 있다. (1년 동안 유럽을 여행하려면 1년간의 자유시간을 확보해야 한다). 그렇다고 해서 지금 당장 다니는 직장에 사표를 던지고 무작정 떠나라는 건 아니다. 우리는 일상에서 작고 간편하게, 소극적으로나마 도전적으로 살면서 스토리를 만들어낼 수 있다. 예를 들면 다양한 음식을 맛보고, 관심 분야의 책을 읽고, 근처에서 열리는 공개 강연을 들을 수 있다. 음식과 책, 강연 역시 모두 이야기로 만들 수 있다. 취미생활에 좀 더 집중해볼 수도 있고, 프라모델을 만들거나 드론으로 사진을 찍고, 여러 명의 사람과 동호회 활동을 할 수도 있다. 중요한 건 활동 자체가 아니라, 이야기를 가질 수 있느냐다. 조기축구회에서 공만 차면 이야기는 만들어지지 않는다. 공을 차기 전과 후, 그리고 그걸 위해 연습하고, 사람들과 어울리는 전체 과정이야말로 이야기다. 이야기에서 중요한 건 결과보다는 과정이다.

결과가 중요하다는 인식이 널리 퍼져있다. 그리고 실제로 결과는 매우 중요하다. 하지만 결과보다 과정이 핵심인 몇 가지의 작업은 여전히 존재한다. 대표적으로 글쓰기가 그렇다. 글이야말로 스토리 그 자체이며 과정의 중요성을 가장 잘 보여주는 콘텐츠다. 글을 꾸준히 쓰는 사람은 자연스럽게 이야기를 가지게 된다. 당연하게도 하고 싶은 말이 있어야 글을 쓸 수 있기 때문이다. 그래서 스토리를 말할 수 있는 사람이란 건 사실 글을 쓸 수 있는 사람이란 의미로 해석해도 좋다.

스토리가 매력이다

제품이든 서비스든 다른 이들의 지갑을 열고 관심을 받기 위해서는 스토리가 있어야 한다. 사람들은 그 무엇보다도 스토리를 좋아한다. 당신의 가장 친한 친구가 갑자기 이혼한다면, 만사를 제쳐두고 그 이야기를 들어보고 싶을 것이다. 우리가 원하는 건 이혼이라는 결과 그 자체가 아니라 그 이혼을 결정하게 되는 과정, 즉 스토리다. (단순히 스토리를 가지기 위해 이혼하는 건 추천하지 않는다)

이야기의 중요성은 아무리 강조해도 지나치지 않다. ==대다수의 사람은 이야기를 만드는 쪽보다는 이야기를 듣는 쪽을 선호한다.== 가만히 앉아서 팔짱 끼고 듣는 건 매우 쉽고 누구나 할 수 있다. 그러나 세상을 바꾸고 분위기를 리드하며 센세이션을 불러일으키는, 팬덤을 가지면서 성공 가도를 달리는 사람들은 모두 이야기를 하는 쪽에 서 있다. 가령, 내가 워렌 버핏과 독대로 식사를 했던 적이 있다면 어떨까? 이거 자체만으로 이야기 소재는 충분하다. 관심 분야라면, 당신은 내 이야기를 듣기 위해 거금을 지불할 각오도 돼 있을 것이다.

스토리를 가진 사람으로 거듭나자. 스토리를 말할 수 있으려면 다양한 경험을 쌓아야 한다. 국내외를 막론한 여행과 역사, 문화, 자신의 전문분야를 비롯해 음식과 일상, 재미있는 유머와 음악적 감각 등 이 모든 게 두뇌에 터질 듯이 가득 찼을 때, 자연스러운 스토리를 가지게 된다. 공통으로 매력 있는 사람은 비전과 스토리를 가지고 있다. 우리는 스토리에 반한다.

1. 사람들은 이야기가 담긴 드라마를 좋아한다.
2. 스토리를 가지려면, 일상에서 작게나마 도전과 모험을 해야 한다.
3. 스토리를 가진 사람은 매력적이다.
4. 가지고 있는 스토리를 콘텐츠화하면 원하는 걸 얻을 수 있다.

장비와 성능보다
중요한 것

　요즘 동영상이 대세다. 유튜브뿐만 아니라 일상용 동영상이나 인스타그램 전용 60초 동영상, 세로 형태의 색다른 동영상, 감각적인 홍보 영상을 비롯한 다양한 스타일의 동영상들을 쉽게 볼 수 있다. 업계에서도 동영상 쪽에 관심이 많고 자본과 인재들도 많이 몰리고 있다. 동영상은 이제 더 이상 거부할 수 없는 물결이며 이미 많은 사람이 영상 업계에 뛰어들었다.

　동영상이 대세로 떠오른 건 기술 발전의 영향이 크지만 소리와 영상을 함께 볼 때 더 오래 기억에 남는다는 뇌과학 또는 심리적인 요인도 작용한다. 그래서 요즘에는 누구나 동영상 편집을 배우고 싶어 한다.

크리에이터가 찾는 특별함

얼리어답터들에게 사진이라는 매체는 더 이상 색다른 게 아니다. 지루하고 낡은 것이다. 창조적인 사람들에게 사진은 이제 더 이상 재미있는 무엇이 아니다. 스마트폰 하나만으로도 예쁜 사진을 얼마든지 촬영하고 편집할 수 있는 시대, 그러니까 사진이라는 게 누구나 찍을 수 있는 보편적이라면, 매력은 없어진다. 하지만 동영상은 누구나 배우고 싶어 하고 또 그만큼 재미있으며 많은 관심을 받을 수 있다. 오늘날 크리에이터에게 영상이라는 매체는 아주 매력적이고 미지의 대륙 같은 느낌이다.

동영상 콘텐츠는 다른 콘텐츠 종류보다 많은 창의력을 강요한다. 예를 들어 '하늘'이라는 주제의 사진이라면 범위가 넓지 않고 큰 범위에서 비슷할 수 있지만, 동영상은 그렇지가 않다. 어떻게 편집하는지, 내레이션이나 음악의 분위기, 화면 전환 효과나 피사체의 구성 등 넓은 범위로 창의력이 확장된다. 똑같은 영상이라도 슬픈 음악을 깔면 우울한 분위기를, 신나는 음악이라면 신나게 여행하는 느낌을 줄 수 있다. 더 많은 창의력을 요구한다는 건 반대로 이야기하면, 제작자가 자신이 원하는 창의력을 마음껏 발휘할 수 있다는 의미다. 모름지기 콘텐츠 제작자라면, 색종이에 호랑이 한 마리를 그리는 것보다 A4용지에 호랑이 10마리를 그리는 게 낫다는 것에 동의할 것이다.

블로그에 글을 쓸 땐 훌륭한 볼펜보다 훌륭한 생각이 더 가치 있다.

동영상뿐만 아니라 콘텐츠와 관련된 뭔가를 처음 배우고 싶어 하는 사람들은 장비부터 찾는 경향이 있다. 예를 들어 값비싼 DSLR 카메라가 있어야 블로그를 할 수 있다던가 이틀 전에 출시된 최신형 미러리스가 아니면 좋은 영상을 촬영할 수 없다는 생각이다. 이건 마치 종교 같아서 초보 크리에이터들을 단숨에 사로잡는다. 하지만 장비가 있어야만 블로그를 운영하고, 동영상을 제작하고 크리에이티브한 콘텐츠를 만들 수 있을까? 절대로 그렇지 않다.

창의력은 어디에서 오는가?

우리가 가지고 있는 스마트폰의 모든 기능을 완벽하게 파악하고 사용하는 사람은 드물다. 각자 사용 패턴이 다르므로 자신이 원하는 작업을 편안하게 할 수만 있다면 다른 기능은 쓸모가 없다.

성능은 항상 익숙함보다 빠르다. 사용자가 원하는 기능은 매우 다양하고 범위가 넓어서 사실상 모든 고객을 만족시키는 건 불가능하다. 장비는 최대한 많은 사용자를 만족시켜야 하는 까닭에 다양한 기능을 최대한 넣는다.

우리가 만약 장비의 모든 기능을 마스터한다면 더할 나위 없겠지만, 그러는 동안 새로운 기능이 추가된 장비가 벌써 출시된다. 그러면 또 그걸 마스터해야 하고, 그러는 동안 또 새로운 장비가 나오고 반복된다. 즉, 뛰어난 기계 전문가가 아니라면 그 장비를 마스터하는 일은 현실적으로 불가능하다.

창의력은 제한된 상황에서 나온다.

스마트폰에서는 얼마든지 무료로 날씨 정보를 확인할 수 있지만, 어르신 중 일부는 오늘날에도 114에 전화를 걸어 유료로 날씨 정보 ARS를 듣는다. 그것이 더 편하고 익숙하기 때문이다. 어르신 입장에선 스마트폰으로 날씨 확인 방법을 배우느니 차라리 돈을 내고 114를 듣는 게 더 편하다. 중요한 건 어떤 걸 사용할지는 사용자 선택이며 날씨를 확인한다는 결과만 나오면 된다는 점이다.

강의를 나가면, 청중들은 나에게 동영상을 편집하는 프로그램이 무엇인지 왕왕 묻는다. 혹은 블로그를 할 때 어떤 키보드를 사용하는지 묻는다. 좋은 질문이다. 그러나 거기서 끝나면 안 된다. 프로그램이 무엇인지 알았다고 해서 바로 그 사람처럼 사용할 수 있는 건 아니기 때문이다. 만약 내가 A라는 프로그램을 쓰다가 B라는 프로그램으로 넘어가도 빠른 시간 안에 이전과 비슷한 품질의 영상을 제작할 수 있다. 어떤 효과가 어떤 식으로 작동하는지 이해하고 있기 때문이다. 어떤 키보드를 쓰더라도 내가 쓰는 글은 대체로 비슷할 것이다.

장비와 성능보다 중요한 것

과거에 블로그로 유명했던 사람이 페이스북에서, 인스타그램에서, 그리고 유튜브에서 또다시 성공하는 사례는 무수히 많다. 그들은 블로그에서 유튜브로 넘어가도 빠른 시간 안에 구독자를 모으게 된다. 어떤 매체에서든 한 번 성공했던 사람이라면, 독자들이 뭘 원하는지 잘 안다.

<mark>그래서 장비와 성능보다 중요한 건 원리와 기초지식이다.</mark> 가령, 모든 걸 편하게 얻고 싶어 하는 사람들은 동영상의 프레임 단위도 공부하지 않고서 스피드 램프 효과(빠르게 움직였다가 느려졌다가 다시 빠르게 움직이는 등의 효과)를 어떤 프로그램으로 넣었는지 묻는다. 60 프레임 이상으로 촬영했다면 슬로를 걸어도 좋지만, 24 프레임으로 촬영됐다면 슬로를 걸었을 때 뚝뚝 끊기게 된다. 이것은 프레임 단위 문제이지 프로그램 문제가 아닌데도 사람들은 '이 프로그램에서는 슬로 걸면 뚝뚝 끊긴다'라고 판단하고 또 다른 편집 프로그램을 찾아 떠나버린다.

느려 터진 노트북과 컴퓨터, 업데이트를 미룰 수밖에 없는 오래된 스마트폰으로도 원하는 작업을 할 수 있다. 꼭 동영상 분야가 아니더라도 말이다. 장비와 프로그램의 성능은 우리의 작업을 도와주는 역할이지 '주'는 아니다. 주력은 제작자의 아이디어와 노력이고 그것을 해결하기 위한 공부다. 포토샵이 없어서 사진 편집을 못 한다기보다는 '포토샵이 없어서 편집을 못 한다'는 변명이 필요한 건 아닐까? 잘 찾아보면 비슷한 기능을 수행하는 수많은 프로그램이 차고도 넘친다.

위기상황에서 영웅은 태어나고 크리에이티브는 제한된 상황에서 나오기 마련이다. 제한된 자원과 환경으로 어떻게든 원하는 결과를 만들어내는 작업이 바로 크리에이티브의 본질이라고 할 수 있다. 모든 게 다 갖춰진 상태라면 누군들 창조적 인재가 되지 못하겠는가?

장비나 성능이 작업물을 조금 더 좋게 만들어줄 순 있어도 그 작업물 자체를 제작해주는 건 아니다. 세작은 스스로 해야 하고 자신이 원하는 결과만 낼 수 있다면 장비나 프로그램은 어떤 걸 써도 된다.

> 1. 창의력은 제한된 상황에서 나온다.
> 2. 익숙함에서 벗어나는 건, 어렵지만 꼭 해야 할 일 중 하나다.
> 3. 성능과 장비보다 기초지식과 원리를 이해하는 게 중요하다.
> 4. 장비가 콘텐츠를 대신 만들어주진 않는다.

창의력은
실력에서 나온다

　남들과는 다른, 자신만의 차별화 포인트, 독특하고 재미있어서 독자와 고객을 사로잡는 전략적 창의성은 실력에서 나온다. 아이디어만으론 할 수 있는 일이 거의 없다. 실력을 갖추는 게 우선이다.

　실력이라는 단어는 추상적이고 모호해서 종잡을 수 없는 개념이다. 도대체 어떤 게 실력이란 말인가? 블로거나 콘텐츠 크리에이터에게 실력이란 무엇일까? 여기에서 말하는 실력은 직간접 경험, 자료, 필터링 된 데이터들, 실제 행동하고 만들어낼 수 있는 무엇을 총칭한다.

일단은
실력이다!

여러분이 필자보다 잘, 그리고 재미있고 독특한 글을 쓰고 싶다면 우선은 필자만큼은 글을 쓸 수 있어야 한다. 이건 당연한 흐름이다. 여러분이 베토벤보다 더 멋진 음악을 만들고 싶다면, 베토벤 정도 되는 음악을 만들 수 있는 실력이 일단은 있어야 한다. 실력을 갖추지 않고서는 색다른 무언가를 만들어낼 수 없다.

여기에 작은 그릇이 하나 있다. 이 그릇에 조금씩 물을 붓는다. 계속 물을 부으면 그릇은 물로 가득 차게 될 것이다. 끊임없이 물이 들어오면, 결국에는 그릇에서 물이 넘치게 된다. 이 물이 넘치는 현상이 바로 창의성이라 할 수 있다. 여기에서 그릇은 우리 자신이며, 물은 경험과 실력이다.

사회적으로 칭송받는 창의성이지만 우리 생각과는 다르게 창의성이 언제나 옳은 건 아니다. 전통적인 클래식이 옳은 예도 있기 때문이다. 예를 들어 그 어떤 신조어를 만들어내도 사용해오던 욕설보다 더 유행할 수 있는 욕설을 만들긴 어려울 것이다.

결국 창의성은 마라톤 경쟁과 같아서 계속해서 업그레이드해야 하고 진화시켜야 하는 어떤 생물과도 같다. 특정 시기에 창의력이 폭발적으로 늘어난다고 해도 그것을 현실화할 수 있는 실력이 갖춰지지 않으면 물거품 될 아이디어로 전락할 뿐이다.

브레인스토밍과 전략회의에서는 다양한 아이디어들이 쏟아져 나온다. 사람이 10명 있다면, 아이디어도 10개가 있는 셈이다. 그 모든 걸 다 수렴하다가는 배가 산으로 가게 된다. 현실화할 수 있는, 명백한 이유를 동반한 아이디어만이 유효하다. 당장 실천에 옮길 수 있는 아이디어는 곧 창의성이고, 이걸 하려면 경험과 실력이 있어야만 한다. 그래서 아이디어는 주로 그 분야의 전문가들에게서 나온다.

　실력을 갖추지 않으면 창의력은 애초에 나오지 않는다. 어떤 분야든 마찬가지다. 태어날 때부터 천재적인 감각을 지니고 있는 극소수가 아닌 이상 실력 없이 창의력을 발휘할 순 없다. 피아노 치는 방법도 모르면서 자신만의 연주 스타일을 정립할 순 없는 법이다.

정말로 창의력이 부족한 걸까?

　사람들은 흔히 착각한다. 자신이 실패하는 이유는 실력이 부족해서가 아니라 창의성이 없어서라고. 하지만 현실은 정확하게 반대다. 일이 안 풀리는 건 실력이 없어서 다른 것과 차별화되지 않기 때문이다. 따로 분리된 별개의 현상이 아니라 전체적으로 보면 하나의 현상이다. 즉, 연결성을 지닌다. 배타적이지 않다.

　어떤 분야에서 돈을 벌고 일을 하든 우리는 항상 공부해야 하고 자기를 개발해야 한다. 관련 분야의 책을 읽는 건 좋은 공부 방법이다. 다른 매체와는 다르게, 책은 깊게 사유할 수 있는 시간을 선사한다. 그러나 책에서도 창의력 자체가 나오진 않는다. 실력을 갖춘 상태에서 여러 가지 경험이 부딪히며 스파크를 일으킬 때, 현실화가 가능한 아이디어와 창의력이 번뜩 떠오르는 것이다.

재미있는 사실은 콘텐츠의 창의성은 결과로 평가받는다는 사실이다. 그 어떤 콘텐츠를 만들어낸다고 해도 결과가 형편없다면, 창의성이 없다는 몰매를 맞을 것이다. 특출나게 창의적이지 않은 작업도 결과가 훌륭하다면, 매우 창의적이라는 평가를 받는다. 그래서 창의성은 엄청난 변화를 일으키는 것이라기보다는 기존의 현상에 아주 작은 변화를 주는 형태로 자주 일어난다. 스마트폰은 컴퓨터와 휴대전화의 조합이고, 불닭볶음면은 기존보다 좀 더 매운, 하지만 맛있는 라면이다.

사람들은 색다른 걸 선호한다고 말하면서도 익숙한 걸 매우 좋아한다. 그래서 훌륭한 결과를 내는 콘텐츠의 기초 기획 포인트는 '익숙한 건 색다르게 만들고, 색다른 건 익숙하게 만든다'다.

창의성은 실력에서 나온다. 텅 빈 머리에서 나오지 않는다. 굳은살 없는 손과 발, 편안하고 쥐 난 적 없는 엉덩이와 허리에서 나오지 않는다. 이런 의미에서 볼 때, 창의성은 고통을 동반하는 무서운 존재다. 고통 없인 실력 없고, 실력 없인 창의성 없다.

> 1. 콘텐츠를 차별화시킬 때 창의성이 요구된다.
> 2. 창의력보다 해당 분야의 실력을 우선 갖추어야 한다.
> 3. 사람들은 색다른 걸 선호하면서도 익숙한 걸 좋아한다.
> 4. 익숙한 건 색다르게 만들고, 색다른 건 익숙하게 만들자.

간단하고 명료한
콘텐츠 만들기

정보가 부족한 시대에는 자세하고 깊이 있는 콘텐츠가 필요했다. 백과사전이 대표적인 종합 콘텐츠다. 도서관에서 하루를 보내고, 색인을 찾고, 사전을 뒤적거리고, 찾아보기 표를 붙여가면서 하나의 큰 콘텐츠 안에서 정보를 습득하는 게 일반적이었다.

정보가 넘쳐나는 시대에는 간단하고 가벼운 콘텐츠가 대세로 떠올랐다. 독자들은 더 이상 길고 지루한 글을 읽지 않는다. 현대인들은 이런저런 일들로 매우 바쁘며 시간이 항상 부족하다. 따라서 완벽하게 필터링 되고 맞춤화된 내용, 즉 큐레이션 된 콘텐츠를 원한다. 내 마음을 꿰뚫어 본 듯한 콘텐츠는 거부하기 어렵다.

가벼운 콘텐츠를 만드는 기획

콘텐츠가 가벼워지려면 타깃 범위가 좁아야 한다. 대학생이면 대학생, CEO면 CEO, 30대 직장인, 아이 두 명을 키우는 30대 초보 엄마, 운전을 처음 해보는 20대 신입생 등 타깃 범위를 좁혀야만 콘텐츠가 길게 늘어나지 않는다. 여러분이 쓰는 블로그 글은 누구를 타겟팅하는 글인가?

오늘날 콘텐츠의 과녁은 좁아야 하고 조준은 명확해야 한다.

백과사전은 범국민을 대상으로 하는 자료라서 누구에게나 환영받을 수 있다. 이걸 반대로 말하면, 누구에게도 관심을 끌지 못할 가능성을 상징한다. 콘텐츠는 가벼우면서도 명확하게 조준해야 한다. 콘텐츠가 가볍기 때문에 독자층이 좁지만, 양이 같이 늘어나기 때문에 전체적으로 보면 오히려 독자층이 늘어나는 효과가 있다. 초보 운전자용 콘텐츠와 화물트럭 운전자용 콘텐츠를 하나로 묶는 것이 아니라 따로 분리된 두 개의 콘텐츠로 만드는 개념이다.

오늘날의 콘텐츠는 더하는 게 아니라 뺄수록 좋다. 우리가 일반적으로 콘텐츠라고 말하는 건 보통 디지털 콘텐츠를 뜻하기 때문에 디지털 콘텐츠의 장점을 이용해야 한다. 무료로, 그리고 무제한으로 복제할 수 있다는 점, 그리고 큰 덩어리 하나가 아니라 잘게 쪼개진 여러 개를 만들 수 있다는 점 말이다.

콘텐츠가 간단해지고 명료해질수록 나타나는 주된 현상은 양적 증가다. 방대하고 종합적인 하나의 자료가 아니라 낱개로 분리된 수많은 콘텐츠로 바뀐다. 그러면서 품질은 좀 더 좋아진다. 깔끔하면서도 진한 맛을 자랑하는 어느 맛집의 국물처럼, 콘텐츠도 간단해질수록 진해진다. 색이 진해진다는 건 자신만의 스타일을 나타낼 수 있다는 의미다. 900페이지짜리 정형화된 백과사전을 두 권 들고 다니는 건 거의 불가능하다. 그러나 10페이지짜리 아주 얇은 핸드북은 5권 정도는 들고 다녀도 큰 무리가 아닐 것이다.

간단하게 만들면 개수는 늘어난다. 60분짜리 영화가 아니라 6분짜리 에피소드 10개가 나오는 셈이다. 콘텐츠의 양이 증가하면서 스타일이 만들어진다. 시간이 지날수록 스타일은 좀 더 다듬어진다. 왜냐하면 양이 증가하면서 자연스럽게 콘텐츠를 만드는 횟수가 늘어나기 때문이다. 콘텐츠의 양은 특수한 상황에서 여러 가지 이점을 제공한다. 검색의 이점, 맞춤형 콘텐츠에 대한 독자들의 이점 등을 제공할 수 있다. 여백을 남긴다는 건 독자 또는 시청자에게 상상력으로 빈 곳을 채우는 재미도 준다.

간단하지만 강한 콘텐츠

당신이 카페를 운영하는 사장님이라면, 종합 메뉴판을 만들기보다는 메뉴별 또는 스타일이나 요일별로 구분된 여러 개의 벌크(bulk)를 만들어서 고객에게 맞춤형으로 제공하는 게 콘텐츠 적으로는 더 훌륭한 선택이다. 가령, 어린이들이 재미있어하는 '그림으로 이름 맞추기 카드 게임' 같은 시스템이다. 모든 카드를 한데 모으면 하나의 종합 콘텐츠가 되고, 낱개로 나누면 다양하게 조합할 수 있다. 가족과 함께 온 꼬마 손님에게 아메리카노는 그다지 좋은 선택지는 아닐 것이다. 초콜릿 우유라면 모를까.

인스타그램과 틱톡을 살펴보라. 요즘 대세는 가벼운 콘텐츠다. 독자들이 부담 없이 볼 수 있어야 한다. 관심 가는 여행 관련 글을 읽기 1시간을 투자할 수 있는 사람은 매우 드물다.

콘텐츠 시장에서 스토리텔링 기법이 시들한 이유는(예전과 비교했을 때 상대적으로) 스토리를 풀어내는 데 시간이 오래 걸리기 때문이다. 초입부에서 시선을 사로잡지 못하면 독자들은 끝까지 읽지 않고, 끝까지 시청하지 않는다. 사람들은 핵심 메시지만 보고 싶어 한다. 더 빠르고 더 정확한 정보, 그리고 나에게 맞춤화된 정보, 내가 궁금했던 정보, 쉽게 말해서 가려운 곳을 긁어줄 수 있는 무언가를 원한다.

무조건 짧고 간단하다고 해서 옳은 건 아니다. 짧지만 강력하고 임팩트 있게 전달해야 한다. 가독성은 항상 최우선 순위다. 초보 콘텐츠 크리에이터들이 자주 하는 실수는 중간이 없이 너무 길거나 또는 너무 짧게 콘텐츠를 만드는 경우다. 작지만 속이 알차야 한다. 콘텐츠가 작은데 내용도 작다면 짧게 만들 이유가 없다.

어린이용 애니메이션을 2시간짜리로 만들면 어떻게 될까? 끝날 때쯤에는 관중석에 아이들이 한 명도 없을 것이다. 성인용 영화를 15분짜리로 만들면 내용을 전달하기 어렵다. 간단하고 명료한 콘텐츠라는 건 핵심 메시지를 잘 전달하면서도 부담 없는 길이의 콘텐츠를 말한다. 딱 정해진 길이나 러닝타임이 있는 건 아니다. 사람들은 콘텐츠를 볼 때 '오… 이건 간단하고 명료한 콘텐츠군!'이라고 생각하면서 보지 않는다. 독자는 항상 어떤 느낌이나 분위기로 이해한다. '깔끔하네?' 라던지 '잘 만들었다' 정도다.

콘텐츠가 길면 그만큼 에너지도 분산된다. 인스타그램 광고용으로 1분짜리 동영상을 만들려면 1분 안에 핵심 내용 전부를 알차게 담아내야 한다. 모든 역량이 1분 안에 투입되는 것이다. 사실, 이 1분 안에서도 처음 부분에서 느낌과 분위기가 결정되기 때문에 초반부에서 이끌어나가는 힘이 중요하다.

콘텐츠를 간단하고 명료하게 만들려면 처음 스타트를 아주 멋지게 끊어야 한다! 깔끔하고 잘 만든 콘텐츠는 시작 부분이 남다르다. ==맛깔나게 시작된 콘텐츠는 굳이 내용이 길어질 필요도 없다.== 고객은 벌써 구독 버튼을 누르고 있거나 머릿속에서 제품을 구매한 자신의 모습을 상상하고 있을 것이다.

> 1. 요즘 대세는 긴 콘텐츠보다 짧고 명확한 콘텐츠다.
> 2. 하나의 콘텐츠의 양이 줄어드는 대신 전체 콘텐츠의 개수는 늘어난다.
> 3. 짧다고 해서 내용까지 부실하면 안 된다.
> 4. 내용을 충분히 설명하면서도 짧게 글을 쓰는 훈련이 필요하다.
> 5. 블로그 글에서는 특히 본문 도입부에서 독자를 유혹해야 한다.

프로가 되려면
기본기를 갖춰라

따지고 보면 가장 특별한 비결과 비법은 '기본'에서 나온다. 어떤 성공적인 결과를 되짚어 올라가 보면, 뭔가 특별한 비결이나 비법이 있는 게 아닌 경우를 자주 볼 수 있다. 가장 기본적인 룰 몇 가지를 지키는 것만으로도 훌륭한 결과를 얻을 수 있다는 의미다. 하지만 우리는 기본을 등한시하는 경향이 있다. 왜냐하면, 기본은 지루하고 재미없기 때문이다.

우리는 종종, 아니 자주 이런 사실을 망각한다. 우리는 성공한 사람에겐 특별한 재능이 있을 거라고 마음대로 추측한다. 그러나 실제 재능으로 성공한 사람은 소수이며 대부분은 노력으로 결실을 이룬다. 시간 투자야말로 기본 중의 기본이다.

전문가들의 공통점

　프로페셔널이 되고 싶은 사람이라면, 기본기를 착실하게 쌓아두어야 한다. 전문가들은 기본기가 탄탄하다는 공통점이 있다. 지식과 지혜를 쌓으려면 책을 열심히 보면 된다. 건강한 삶을 영위하려면 담배와 술을 줄이고 알맞은 식단과 운동, 그리고 잠을 잘 자면 된다. 돈을 벌려면 일을 열심히, 그리고 잘하면 된다.

　특별한 비법과 비결을 찾고 싶은 욕망은 좀 더 쉬운 방법, 말하자면 지름길 또는 꼼수를 쓰고 싶은 심리 때문이다. 똑같은 결과라면, 이왕이면 좀 더 쉬운 방법을 찾는 게 누가 봐도 낫다. 그러나 세상에 공짜는 없다.

　노력은 하기 싫고 결과는 얻고 싶은 욕심. 이 욕심 때문에 사람들은 항상 손해를 본다.

　심리학에서 말하는 '후광효과'는 이런 현상을 증폭시킨다. 예를 들어, 로또복권 1등에 당첨된 사람이 이야기하는 '로또 1등 당첨 전략'은 상당한 설득력이 있어 보인다. 우리는 결과를 보고 거기에 뭔가 비결이 있을 거라고 단정해버린다. 그러나 기본이 없다면 항상 손해 보는 게임에 참여하는 것이나 다름없다. 도박장에서 돈을 벌 수 있을까? 불가능하다. 한두 번은 가능할지 몰라도, 게임을 지속하면 결국에는 돈을 잃게 된다. 애초에 그렇게 만들어져 있다. 로또복권 1등에 당첨되는 비결 같은 건 존재하지 않는다. 그런 비결이 있다고 한다면 애초에 복권이 아니게 된다.

상상과 현실은
다르다

책을 쓰고 싶으면 먼저 글을 써야 한다. 이게 기본이다. 그러나 사람들은 글 한두 편 정도를 끄적거린 다음, 책을 쓰는 자신의 모습을 상상하면서 '책 쓰는 방법'을 검색하는데 시간을 전부 허비해버린다. 마음에 드는 이성을 만났을 땐, 어떻게 하면 그 사람과 좀 더 편하게 대화하고 친해질 수 있을지를 생각해야지, 상상 속에서 결혼식을 하고 미래의 아들딸 이름을 짓고 있어서는 곤란하다.

콘텐츠 크리에이터가 되고자 하는 사람 중 대다수가 6개월 안에 포기한다. 인스타그램에 자신의 일상을 올리는 건 매우 쉽지만, 인스타그램에서 콘텐츠를 활용해 어떤 서비스나 상품을 판매하는 건 아주 어렵다. 유튜브에 도전하는 이들 중 절반 이상이 자신이 유튜브를 시작하기만 하면, 대박이 터질 것이라고 상상한다. 그러나 착각이다. 안 참아서 그렇지, 마음먹고 담배를 참기만 하면 끊을 수 있다고 착각하는 흡연자와의 심리와도 같다. 글을 써야 하는 블로그는 두말할 것도 없이 대부분의 사람이 몇 개월 안에 포기한다.

기본을 갖추는 건 오랜 시간이 소요된다. 그렇기 때문에 기본이다. 기본이야말로 가장 확실한 비법이자 비결이다. 기본을 갖추는 행동은 단기간에 결과가 나타나지 않는다. 시간의 흐름을 무시하고 결과만 바라보는 현상으로 인해 사람들은 지금 당장이라도 인기 있는 블로거가 되거나 책을 쓸 수 있다고 상상한다. 상상하는 건 자유지만, 상상만으로는 책을 쓸 수 없다. 기본인 글쓰기가 빠져있기 때문이다.

환상에서 벗어나야 한다. 상상과 현실은 매우 다르다. 프로페셔널이 되는 방법은 기본을 갖추는 것이다. 자신의 분야에서 전문성을 가지려면 많이 공부해야 하고 오래도록 그 분야에 몸담아야 한다. 특별한 비법은 없다. 방탕하게 생활하는 백수가 내일 당장 넥타이 부대에 합류해서 여의도로 출근한다고 해도 제대로 된 일을 할 수는 없을 것이다.

기본기가 중요한 이유

기본은 말 그대로 '기본'이므로 어디에나 적용되는 보편적인 개념이다. 예를 들어 여러분이 사진에 대해 빠삭하게 알고 있다면, 동영상 업계에 뛰어들어도 빠른 시간 안에 적응할 수 있을 것이다. 동영상이라는 콘텐츠 자체가 사진의 연속으로 만들어져 있는 까닭이다. 여러분이 블로그, 페이스북, 인스타그램 등 어떤 SNS에서 인기 있는 매체를 운영해본 경험이 있다면, 나중에 비슷한 SNS로 유행이 옮겨간다고 해도 거기에서 다시 인기 있는 매체를 구축할 수 있다. 사람들이 원하는 콘텐츠는 대체로 비슷하기 때문이다. 만약 글을 능숙하게 잘 써왔던 기자 출신 또는 작가 출신이라면, 블로그나 브런치, 페이스북 등 글에 포커스가 있는 다른 매체에서도 인기를 얻을 가능성이 높다. 기본기는 비슷한 곳에서 언제든지 쓸 수 있다.

콘텐츠 제작 업계는 진입장벽이 상대적으로 낮기 때문에 기본을 등한시하는 현상이 두드러지게 나타난다. 그 사람이 정말 콘텐츠 제작에 흥미가 있고 관심이 있는지 보고 싶다면, 6개월 뒤에 다시 보면 된다. 노력 없이는 결과를 없을 수 없다. 공부하고 연구하고 아이디어를 생각하고 연습하고 훈련해야 한다. 프로페셔널은 이런 과정에서 태어난다.

> ● ● ●
>
> 1. 기본기는 대단히 중요한데도 불구하고 사람들이 등한시하는 요소다.
> 2. 어떤 매체를 운영하든 기본기를 탄탄하게 갖추어야 한다.
> 3. 기본에 충실한 작업은 재미없고 지루하다. 그래서 더 가치 있다.
> 4. 블로그를 시작하는 사람들 대다수가 몇 개월 안에 그만둔다. 상상만으로는 원하는 결과를 얻을 수 없다.
> 5. 블로그에서 기본기는 글쓰기다.

콘텐츠는
무료가 아니다

　인터넷에서 볼 수 있는 콘텐츠는 무료라는 생각이 사회 전반에 퍼져있다. CCL 라이선스를 표기해놓고 공지사항이나 프로필 한쪽에 저작권을 공지해놓아도 그걸 보는 사람은 거의 없다. CCL라이선스 자체를 모르는 사람이 대다수다. 요즘에는 누구나 콘텐츠 소비자가 아닌 생산자, 크리에이터가 될 수 있는 시대다. 요즘 어린 학생들의 장래희망이 유튜버나 1인 미디어 크리에이터라고 한다. 콘텐츠를 만들거나 공개된 장소에 콘텐츠를 주기적으로 업로드하는 사람이라면, 저작권을 알아둘 필요가 있다. 나는 학교 단위에서 저작권과 관련된 교육이 있어야 한다고 생각한다.

　모두가 자유롭게 저작권을 지킨다면 더할 나위 없겠지만, 편법이나 불법을 저지르는 사람은 어디에나 있으므로 저작권은 적절하게 보호받아야 한다. 그러나 저작권에 대한 인식과 문화가 현저하게 부족한 까닭에 저작권을 빌미로 한 사기꾼들이 넘쳐나는 실정이다. 가령, 저작권을 제대로 공지하지 않고 마치 자유롭게 이용할 수 있는 것처

럼 교묘하게 포장해두고 나중에 법률사무소를 통해 내용증명으로 협박하는 식이다. 저작권에 대해 잘 알고 있다면, 이런 사태를 방지할 수 있다.

콘텐츠에는 이미 돈이 투자되었다

블로거 중 많은 분들이 저작권에 대해 무지하다. 기업에서 일하는 마케팅 담당자와 콘텐츠 제작자들 일부는 저작권 책 한 권 읽지 않는다. 그래서 그냥 막 가져다 쓰거나 다른 사람의 소중한 콘텐츠를 무료로 제공해달라며 염치없이 요구한다. 콘텐츠가 무료라는 생각이 빚어낸 기이한 현상이다.

문화적으로 사람들은 그 어떤 콘텐츠(글, 사진, 음악, 영상물에 이르기까지)라도 인터넷에 공개돼 있으면 그걸 공짜라고 생각한다. 운영체제나 소프트웨어는 말할 것도 없다. 넷플릭스나 유튜브 프리미엄, 애플 뮤직 등이 미래 가치가 높은 이유는 콘텐츠를 무료로 구하는 노력보다 돈을 내고 보는 게 더 편하도록 만들었기 때문이다. 개인이 만든 콘텐츠도 저작권 침해에서 자유롭지 않다. 블로그나 SNS에 올라간 콘텐츠는 언제라도 검색되고 누구라도 볼 수 있는 까닭에 저작권을 100% 방어하는 게 사실상 불가능하다.

공들여 만든 콘텐츠를 허락도 없이 가져가는 행위는 도둑질이며 당연히 불법이다. 워터마크를 넣고 우클릭을 방지하는 것처럼 다양한 방어체계를 갖춰놓아도, 그걸 해제하는 기능이 또 있으므로 완벽하진 않다. 당신의 콘텐츠를 이용해 다른 사람이 돈을 벌고 있다는 사실을 알게 된다고 해도 문제 해결은 쉽지 않다. 저작권 관련 법정 싸움은 오래 걸리고 여러 가지로 매우 귀찮다. 지금 당장은 분노하겠지만, 1년 동안 법정 싸움을 하게 되면, 그때에는 어떻게 되든 좋으니 이제 법원을 좀 그만 갔으면 좋겠다고 생각하기 마련이다.

콘텐츠를 큐레이션 한답시고 (페이스북과 인스타그램에 특히 많다) 여기저기에서 가지고 온 사진이나 영상을 짜깁기해서 마치 자신들이 만든 것처럼 포장한 뒤 돈을 버는 회사들이 있다. 인스타그램이나 페이스북에서 주제에 맞는 사진이나 영상을 검색한 다음, 댓글로 '출처를 표기할 테니 사용해도 되는지'를 묻는다. 콘텐츠 제공자는 단순히 재미로, 아니면 업체에서 자신의 콘텐츠를 사용해준다는 어떤 명예적 차원에서 사용을 허락하지만, 정작 그들은 그 콘텐츠로 1원 한 푼 벌지 못한다. 콘텐츠를 이용한 그 회사는 돈을 버는데도 말이다.

제작자는 아무런 비용도 받지 않고 단지 출처를 표기하는 것만으로 승인해주는 경우가 많은데, 이 출처 표기도 링크나 embed 해주는 게 아니고 그냥 텍스트를 보일 듯 말 듯하게 집어넣는 것뿐이다. 그걸 보고 주소를 타이핑해서 저작권자의 매체에 접속할 확률은 매우 낮다. 사용자는 그 내용에 관심 있는 것이지, 그걸 제공한 사람이 누군지는 관심 없다.

콘텐츠를 가져가는 A라는 업체에서 당신이 무급으로 일한다고 생각해보자. 아니, 출장비를 사비로 써가면서 일한다고 봐야 한다. 콘텐츠를 쉽게 가져가려는 사람, 콘텐츠를 쉽게 제공하는 사람 모두에게 콘텐츠는 무료라는 인식이 깔려있다.

콘텐츠는 유료 서비스다

　콘텐츠는 무료가 아니고 유료 서비스다. 그 콘텐츠에는 차비, 시간, 식비, 자료조사, 인건비 등 실제 현금과 현물이 투자되었다. 당신의 콘텐츠는 돈을 받고 팔아야 하는 물건이다. 만약 다른 사람이 돈을 낼만한 가치가 없다면, 그 콘텐츠는 애초에 시장에서 통하지 않으므로 콘텐츠로서의 가치가 떨어진다. 이때는 돈을 내고 살만큼 콘텐츠를 업그레이드해야 한다. 만약 돈을 지불할만한 가치가 있다면, 돈을 받는 게 마땅하다. 또는 그에 합당한 다른 이익이 주어져야 한다. 블로그나 유튜브는 광고라도 달 수 있으니 그나마 나은 편이고, 또 독자들 역시 광고를 어느 정도는 당연하게 생각하기 때문에 적당한 선에서 합리적인 교환이라고 볼 수 있다. 그러나 SNS에는 광고를 달 수 없고 개별적인 협찬이나 PPL을 하면(사전에 공지한다고 해도) 독자들은 광고에 매우 거북한 반응을 보인다. 왜냐하면 콘텐츠를 무료라고 생각하기 때문이다. 열심히 만든 콘텐츠가 광고 이익으로 환원되는 시스템을 원한다면, 광고를 삽입할 수 없는 SNS보다는 직접 광고를 삽입할 수 있는 블로그쪽이 좀 더 나은 선택이다.

　잘 만든 콘텐츠를 대중에게 무료로 제공하는 건 환영받을만한 일이다. 음악과 사진, 기술이 공유돼 있으면 동영상이라는 새로운 서비스가 탄생할 수 있다. 내가 주장하고 싶은 것은 유·무료 정책의 결정을 콘텐츠 제작자가 해야 한다는 의미다. 말도 안 되는 일이지만, 요즘에는 콘텐츠를 달라고 요구하는 업체 측에서 오히려 더 당당하다. 콘텐츠 사용을 거절하면, 뭐 그렇게 깐깐하냐면서 오히려 욕을 한다. 뭔가 잘못됐다.

내 글을 좋아하고 구독하는 사람이 수천 명이라도 내가 쓴 책을 사라고 하면 사람들은 고개를 젓는다. 여러분이 고생 끝에 책을 출간했다고 해보자. 그 책에 가장 관심 없는 그룹은 여러분의 가족과 가장 친한 친구들이다.

콘텐츠는 무료라는 함정에 빠져서 결국에는 모두가 콘텐츠를 못 만드는 시스템이 된다. 당신이 훌륭한 콘텐츠를 무료로 제공하지 않는다면, 필요한 업체에서는 당신의 콘텐츠를 구매할 것이다. 그러면 당신은 그 비용으로 더 좋은 콘텐츠를 만들 수 있게 될 것이고, 이렇게 되면 독자들 역시 더 좋은 콘텐츠를 보게 된다.

영화를 돈 내고 보고, 소프트웨어를 정식으로 구매하고, 음악을 돈 내고 감상한다면 우리는 더 좋은 영화와 더 좋은 음악, 더 뛰어난 소프트웨어를 이용할 수 있다.

이번 내용을 정리하면 다음과 같다.

첫 번째. 콘텐츠 제작자 입장에서는 팔릴만한 콘텐츠를 만들어야 한다. 제작자가 원할 경우 무료화할 수 있다. 이때에는 제작자가 결정권을 가져야 한다. 그러나 특수한 상황이 아니라면, 유료화할 수 있는 콘텐츠를 굳이 무료화할 필요는 없다.

두 번째. 합당한 비용이 지급되는 문화가 정착되어야만 콘텐츠가 전체적으로 성장한다. 비용을 받고 콘텐츠를 만든다면, 앞으로 더 좋은 콘텐츠를 만들 수 있게 된다. 반대의 경우, 제작자는 콘텐츠 생산을 포기하게 된다. 따라서 누군가 영리 목적으로 사용할 콘텐츠를 제작자가 무료로 제공하는 것은 권장할만한 사항이 아니다.

반드시 돈으로 바꿀 수 있는 것만이 유료는 아니다. 현금보다 더 재미있고 가치 있는 이익은 얼마든지 있다. 예를 들어 훌륭한 블로그 글은 포털 사이트 메인에 노출될 수 있다. 메인에 뜨기만 하면, 하루에도 수천~수만 명이 그 글을 본다. 콘텐츠 제작자 입장에서는 이 조회 수 자체만으로도 상당한 이익이다. 추후에 이 글들을 묶어 책으로 낼 수 있고, 해당 글을 보고 여러 기업에서 광고 의뢰 이메일을 받을 수도 있다. 콘텐츠가 돈이 되는 순간이다.

우리가 플랫폼 서비스에서 콘텐츠를 생산한다고 할 때, 그러니까 블로그나 유튜브같은 큰 규모의 서비스에서 자신만의 콘텐츠를 꾸준하게 생산하는 크리에이터 입장에서 봤을 때, 해당 플랫폼 자체에서 나오는 이익은 그렇게까지 크지 않다. 그 콘텐츠를 계기로 혹은 낚싯대로 활용해서 제품 협찬이나 체험단 의뢰, 원고료, 방송이나 라디오 출연, 잡지에 기고, 강연 기회, 책 출간, 그외 기타 다른 여러가지 일들에서 얻을 수 있는 이익이 훨씬 크다. 따라서 우리는 기본적으로는 블로그 자체에서의 수입(애드포스트 등)에 부화뇌동 할 필요가 전혀 없다. 언제나 훌륭하고 유니크한 콘텐츠를 우선해야한다.

사람들이 여러분에게, 그리고 여러분의 콘텐츠에 돈을 투자하는 이유는 그 콘텐츠가 여러분의 것이기 때문이며 무엇보다 희소하기 때문이다. 어디서나 볼 수 있는 흔해빠진 콘텐츠라면, 그 콘텐츠에 돈을 들일 아무런 이유가 없다. 잡은 물고기에는 먹이를 주지 않는 법이다.

여러분이 만약 카페를 오픈했는데, 처음 보는 사람이 갑자기 여러분에게 커피를 공짜로 내놓으라고 하면 어이없어하는게 당연하다. 마찬가지로 콘텐츠가 유료 상품이라면, 콘텐츠는 명확한 목적에 의해서만 무료로 제공되어야 하며, 그외에는 유료 서비스로 제공해야한다. 어떤식이든 말이다. 방식은 여러가질 수 있지만, 원리는 단 하나다.

이 책에 있는 모든 내용을 어딘가에서 정확하게 똑같이 볼 수 있다면? 여러분은 이 책을 사지 않을 것이며, 설령 실수로 샀다고 하더라도 당장 환불하고 싶어질 것이다. 콘텐츠란 그런 것이다.

1. 콘텐츠에는 기본적으로 비용이 투자되어 있다.
2. 콘텐츠는 무료가 아니라 유료 상품이다.
3. 잘 만든 콘텐츠는 돈을 받고 팔아야 하며 시장에서 통해야 한다.
4. 돈을 받고 콘텐츠를 제작하기 시작하면, 콘텐츠 품질은 더 좋아지며 이건 콘텐츠 제작자와 소비자 모두에게 이익이 되는 시스템이다.

BLOG　　　　　PART 03 ▼　🔍

독자를 유혹하는
블로그 글쓰기
훈련

글쓰기와
필사의 관계

뭔가를 물어볼 사람이 없다는 건 아주 불편한 경험이다. 예를 들어 여러분이 책을 쓰고 싶다고 할 때, 주변인 중 그 누구도 책을 써본 사람이 없다면 어떻게 해야 할까? 이때, 필자는 책에서 멘토를 찾는 게 가장 빠르리라 생각했었고, 실제로 그렇게 행동했고, 지금도 그렇게 생각한다.

공부를 지속하다 보면 어떤 시점에서 갑자기 주변인들과 말이 잘 통하지 않는다는 걸 깨닫게 되는 경험을 하게 될 수 있다. 예를 들어 여러분의 매우 큰 관심사가 A라고 할 때, 주변인들이 A에 아무도 관심이 없다면 반드시 그렇게 된다. 이렇게 되면 갑자기 주변인들 모두가 바보처럼 보이기 시작한다.

나는 성공하고 싶었고 남들과 다른 삶을 살고 싶었다. 내 인생을 바꾸고 싶었고 이 더러운 운명의 굴레를 벗고 싶었다. 과거의 나는 시간은 많고 돈은 없던 가난한 학생이었다. 집에 있는 게 너무나도 불편했던 까닭에 주로 도서관에서 시간을 보냈는데, 전공 공부보다는 자료실에 있는 책들을 읽었다. 빌려서 읽는 경우도 있었고 아르바이트로 얻은 돈으로 책을 사서 읽는 경우도 있었다. 그때의 책 중 몇 가지는 지금도 가지고 있고, 며칠 전에도 한 번 훑어보았다. 벌써 10년이 넘은 시간이다.

그때는 꿈도 목표도 없었고 그런 게 있는 줄도 몰랐다. 그저 막연하게 미래를 상상해본 적이 있었으나 인생을 허무하게 살고 있었고 자기의 마인드보다는 남들이 하는 대로 그저 따라가기 바빴다. 나는 유명해지고 싶었지만, 아무도 나를 몰랐고 그럴만한 실력도 없었다. 쓸데없는 욕심으로만 가득 찬 두 눈은 젊음으로 빛났으나 어떻게 해야 되는지 알려주는 사람은 없었다. 위치 인식 기능이 고장 나서 제자리에서 빙글빙글 돌기만 하는 로봇 청소기 같은 시간이 계속되었다. 그러다가 어떤 책에서 읽었는데, 독서를 할 때 필사를 하면 도움이 된다는 내용이었다. 그때부터 필사를 열심히 했다.

나는 이때의 시간, 그러니까 필사라고 하는 얼핏 보기에 무가치해 보이는 이 일들이 나의 글쓰기 실력에 큰 영향을 주었다고 생각한다. 좋은 쪽이든, 나쁜 쪽이든. 필사를 시작했던 이유는 어떤 책에서 필사해보면 도움이 된다는 문장 하나였다. 책에서 시키는 일들 중 거의 대부분을 실천에 옮겼다. 믿거나 말거나라면, 나는 믿는 쪽이 낫다고 생각했다. 예를 들어 책에서 메모를 습관화하라고 하면 메모를 했고, 아침에 일찍 일어나라고 하면 일찍 일어났다. 산책하라고 하면 산책했고 1년에 100권을 읽으라고 하면, 100권까지는 아니더라도 최대한 많이 읽으려고 했다. 잘 모를 땐 시키는 대로 하는 게 가장 편한 법이다.

　당시엔 대부분의 책을 필사했었는데, 책 전체를 필사하기란 시간적, 경제적으로 부담이 되었던 까닭에 책의 일부분을 발췌하여 필사했다. 매일같이 손가락과 손목이 아팠다. 샤프와 볼펜을 잡았던 손가락엔 굳은살이 생겼고 지금도 그 곳이 딱딱하다.

　원서를 읽기에는 외국어 실력이 터무니없었기 때문에 주로 번역서를 읽었다. 그리고 내 글쓰기 스타일은 마치 번역 투로 정립되어버렸다. 내 첫 번째 책 〈1인분 청춘〉을 읽다 보면, 원서를 번역한 듯한 까끌까끌한 느낌과 다듬어지지 않는 향기가 물씬 난다. 모 독자로부터 '이 책은 번역서투가 너무 많이 난다'는 악플을 받았지만, 인정하지 않을 수 없는 부분이었다.

　필사는 글쓰기에 도움이 된다. 그리고 책의 내용을 오래도록 기억하는 데에도 도움을 준다. 이건 명백한 사실이다. 하지만 시간이 오래 걸리고 펜과 종이가 필요하며 시간 활용이 비효율적인 데다가 민간 우주선이 발사되는 오늘날에도 아날로그 형태로 써야 한다는 단점도 존재한다.
　그렇기에 필사란, 독하게 마음먹은 사람만이 할 수 있는 작업이다. 대부분의 사람은 마음을 독하게 먹지 않는다. 독한 마음은 불편하고 어렵고 까다롭고 재미없기 때문이다. 정말로 글쓰기를 잘하고 싶은 사람이라면, 필사는 분명 도움이 된다. 필자는 지금은 필사하지 않는다. 예전만큼 간절하지 않아서일 수도 있고, 예전보다 삶이 편해졌기 때문일 수도 있고, 시간이 없다는 핑계로 스스로를 합리화하고 있는 것일 수도 있다. 필사는 하지 않지만, 메모나 생각을 정리할 땐 여전히 종이와 펜을 사용한다.

예전에 필사했던 노트들을 지금도 가지고 있다. 나는 아주 가끔 그 노트를 읽어본다. 오래된 음악을 들으면 그 당시의 추억이 떠오르듯이 예전에 썼던 글을 읽어보면 그때의 감정이 갑자기 되살아나서 과거로의 여행이 시작된다.

서점에는 수많은 책이 있고 국내에도 엄청나게 많은 출간 작가들이 있다. 그러나 그 모든 작가를 다 더해도 빙산의 일각이다. 그보다 훨씬 더 많은 사람이 작가가 아니다. 사람들은 글쓰기를 어려워한다.

글쓰기는 훈련이 필요하고 생각을 정리해서 세련된 방식으로 풀어내는 데는 많은 시간이 걸린다. 하지만 한 번 익힌 글쓰기는 인생에 정말로 큰 도움을 준다. 오늘날에는 문자로 소통하는 일이 과거보다 더 중요해졌다. 이메일 하나, 카카오톡 하나, 문자 하나, 인스타그램에 올리는 한 문장이 당신의 인생을 바꾸고 당신의 이미지를 결정한다. 좋은 쪽이든, 나쁜 쪽이든. 좋든 싫든.

너무나도 많은 사람이 자기 생각과 감정을 '글'을 통해 '효과적으로' 표현하지 못해서 큰 불편을 겪는다. 인간의 감정은 기본적으로 아주 가볍고

흔들림이 심하다. 토시 하나만으로도 상대방과의 관계가 틀어질 수 있다는 뜻이다. 사람의 감정은 아주 사소한 것으로부터 상처받는다.

전염병, 거리 두기, 화상회의 등 새로운 문화 시대에는 글을 더 잘 써야 한다. 카카오톡 메시지 한 개, 이메일의 도입부 한 문장에서도 그 사람의 성격과 스타일을 쉽게 파악할 수 있다.

나는 글을 잘 쓰고 싶어 하는 사람들은 반드시 필사를 해야 한다는 입장이지만, 필사를 강요하진 않는다. 필사는 어렵고 힘들고 귀찮으며 오래 걸린다. 그렇기에 사람들은 자기 생각과 감정을 글로 표현하는 걸 훈련하기 어렵다. 최고로 글을 잘 쓰는 작가가 되라는 건 아니지만, 적어도 자기 생각을 세련된 문장과 비유로 전달하는 것은 인생에 큰 도움이 된다. 커뮤니케이션 스킬이다.

여러분이 글이라는 걸 평범한 수준으로만 쓸 수 있다면, 여러분의 인생은 아주 달라질 수 있다. 이건 내가 직접 경험한 경험담이므로 객관적이라고 보기엔 어렵겠지만, 분명한 사실이다. 필사 대신 글쓰기를 훈련하기에 훌륭한 도구를 우리는 알고 있다. 바로 블로그다. 블로그를 아무런 목적 없이 운영하는 것도 가능하겠지만, 자기 생각과 아이디어를 잘 정리해서 세련되게 표현하는 훈련 장소로 생각한다면, 블로그를 운영하는 재미도 느끼고, 발전하는 자신을 바라보는 뿌듯함도 있을 것이다.

---

1. 필사는 시간과 노력이 요구되며 글쓰기에 도움이 된다.
2. 필사가 어렵다면, 블로그를 통해 커뮤니케이션 스킬을 훈련할 수 있다.

경어체
VS 평어체

　블로그를 운영하면서 글을 써 본 사람이라면, 그리고 다른 블로그의 글을 읽으면서 공부하고, 참고 자료로 활용해 본 사람이라면 고민되는 문제가 있다. 바로 '내가 블로그에 글을 쓸 때는 경어체(존댓말)로 써야 할까? 아니면 평어체(반말)로 써야할까?'다. 다양한 환경에 적응하고 자신의 메시지를 확실하게 전달하기 위해서는 문체를 신경을 써야 할 것이다.

경어체(존댓말)

먼저 경어체부터 살펴보자.

> 경어(敬語)는 대화의 주체나 상대에게 경의를 표하기 위하여 쓰는 언어표현이다. 높임말 또는 존댓말이라고도 불린다.
>
> － 위키백과 －

경어체는 흔히 존댓말이라고 불린다. 어른에게 말을 할 때, 자신보다 나이가 많은 사람에게 말을 할 때 우리들이 흔히 사용하는 방법이다. 경어체는 주로 '~습니다.' '~습니까?', '~요' 등으로 끝맺는다. 한국어에서는 경어 사용이 일반화되어 있고 문법적으로 완전히 자리 잡혀있다. 따라서 어떤 경우에라도 경어체를 사용하는 것에 어려움은 없다.

최근 들어 SNS나 모바일 메신저 등으로 인해 짧은 시간에 많은 내용을 전달하여야 하는 문화가 형성되면서 경어체의 파괴 현상이 일어나고 있는 것도 사실이다. 텍스트상으로만 보자면, 경어체는 문장에서 반복되거나 불필요한 부분도 상당 부분 차지하고 있다.

반면에 경어체는 상대방을 존중하고 배려한다고 느끼게 할 수 있다. 그래서 좀 더 친근하게 독자에게 다가갈 수 있다. 만약 여러분이 독자의 반응을 즉각적으로 끌어 낼 목적으로 글을 쓴다면 경어체가 유리할 것이다.

경어체는 기본적으로 상대방과 대화하는 듯한 느낌을 전제로 하고 있다. 그렇기 때문에 경어체를 사용할 경우에는 자신이 혼자 하고 싶은 이야기가 아니라 독자와 상호소통하는 투로 글을 써야 한다. 가령 "저는 이게 좋아요. 저는 이게 싫어요. 끝." 이런 문장은 차라리 평어체가 어울린다. 하지만 "저는 이런 게 좋네요. 제 친구도 좋다고 하더군요. 정말 재미있었어요! 즐거워 보이죠? 꼭 추천해 드려요!"는 평어체보단 경어체가 훨씬 더 깔끔하게 들어맞는다.

경어체는 불특정 다수를 상대로 한 글이라기보다는 특정한 공감대를 형성한 독자층 타깃을 상대로 한 글에 좀 더 최적화할 수 있다. 또 특정 주제를 다양한 각도에서 설명할 수 있으며, 독자들에게 친근한 설명을 통해 좀 더 좋은 반응을 끌어낼 수 있다는 점이 매력이다. 텍스트 숫자를 늘리는 데도 도움이 된다.

상호 간에 존댓말을 사용하면 부부싸움 횟수가 상당히 줄어든다는 연구 결과가 있다. 경어체는 그 자체로 존중과 배려가 담긴 언어이기 때문에 분위기를 부드럽게 유지할 수 있다. 따라서 핵심적인 주제를 전달하기에는 아쉬움이 있다고 하더라도 차분하게 설명하는 투로 활용하기에 안성맞춤이다.

평어체(반말)

지금 이 글은 평어체로 쓰고 있다. 불특정 다수를 상대로 한 글을 쓸 때 효과적인 것이 바로 평어체다. 지금껏 우리가 접해왔던 대부분의 전형적인 텍스트들(책, 자료, 신문 등)이 대체로 평어체로 작성되어 있다. 평어체의 특징은 경어체에 포함된 불필요한 부분들을 간소화하고, 간략하고 짧으면서도 특정한 팩트(Fact)를 확실하게 전달할 수 있다는 것이다. 오랜 역사를 거치면서 평어체는 그 자체로 다듬어져서 완성된 글쓰기의 한 형태라고 할 수도 있다.

한마디로 평어체는 글쓰기에 매우 최적화되어 있는 효율적인 방법이다. 대신 관련 주제에 대해서 높은 이해도가 필요하다. 경어를 쓸 때와 평어를 쓸 때는 단어의 선택과 인칭도 함께 달라지기 때문에, 평어를 사용할 경우에는 좀 더 함축적인 단어가 문맥에 잘 어울린다고 할 수 있다.

또한, 예로부터 평어체를 읽어온 우리들은, 평어체가 더욱 편하고 쉽게 느껴지기도 한다. 사람들은 어색한 것보다 익숙한 것에 편안함을 느끼도록 프로그래밍 되어 있다. 따라서 어떤 메시지를 제시할 때에는 평어체가 좀 더 효과적이라 할 수 있다.

한편 평어체는 명령조처럼 들릴 수 있다. '~해!' 혹은 '~해라!'는 명령조로 들린다. 독자들의 반응을 끌어내기 위해서는 '~해주세요.'가 확실히 낫다. 그러나 당신이 강력하게 주장해야 할 특정한 메시지는 평어체로 할 경우 독자의 뇌리에 강한 충격을 줄 수 있다. '담배 피우지 마세요.' 보다는 '담배를 피지 마!'가 훨씬 더 강한 느낌을 준다.

경어체(존댓말) VS 평어체(반말)

패트릭 헨리는 "자유가 아니면 죽음을 달라!"라는 명언을 남겼다. 블로그에서 자유가 없다면 우리는 블로그를 해야 할 아무런 이유가 없다. 블로그에는 자유가 있어서 그 자유를 만끽하고자 블로그를 하는 것이다. 그리고 우리는 그것을 만끽할 필요가 있다.

어떤 글을 쓸 때 어떤 체를 사용할지는 전적으로 글쓴이의 자유다. 따라서 자신의 스타일에 맞게 평어체 혹은 경어체를 선택적으로 사용하는 것이 가장 좋은 전략이다.

가독성이라는 부분만 따진다면 당연히 평어체가 좋겠지만, 여러 가지 정황상 평어체가 힘든 경우도 있기 마련이다. 블로그에는 가독성 외에도 다양한 부가요소가 결합하여 있다.

필자의 경우, 카테고리별로 나누어 경어체와 평어체를 나누어 쓴다. 제품 리뷰나 여행 관련 IT 정보 관련 등은 경어체로 쓰고, 일기나 칼럼, 서평 등은 평어체로 쓴다. 왜 그렇게 하느냐면, 글을 쓰는 나 자신이 이런 방식이 편하기 때문이다. 다른 이유는 사실 딱히 없다. 글쓴이가 편해야 읽는 이가 편하고, 모두가 편해야 글을 통한 메시지가 제대로 전달될 수 있다.

개인적인 경험에 의하면, 평어체는 자신감의 상징으로 작용하는 경우가 있다. 특정한 글을 평어체로 쓴다는 것은 그 분야에 대해 그만큼 할 말이 많고, 그것을 제대로 전달할 실력을 이미 갖추고 있다는 것을 의미한다. 즉, 1:1로 독자에게 무언가를 전달할 수 있는 능력을 암시한다. 따라서 여러분이 정말 그 분야에 대한 전문가이고, 그 분야를 독자들에게 어필할 자신이 있다면 평어체를 선택해도 좋다. '평어체는 반말이라서 독자를 우롱하는 건 아닐까?' 같은 생각은 머릿속에서 당장 지워버려도 무방하다. 평어체는 대부분의 책과 신문, 잡지 등에 사용되고 있음을 기억하자.

자신만의 스타일로 글을 쓰는 것이 최고다. 당신의 글에 가장 많은 영향을 준 책이나 글이 있다면 그것을 따르라. 그것은 경어체일 수도 있고 평어체일 수도 있다. 어쨌거나 당신의 글 스타일이 거기에서 비롯되었다면 그 명맥을 유지할 수 있도록 하자.

1. 경어체는 편한 느낌을 전달한다.
2. 평어체는 메시지 전달력이 강하지만, 다소 위압적인 느낌도 든다.
3. 하나의 블로그에서 경어체와 평어체를 섞어서 쓸 수도 있다.
4. 어떤 문체를 선택하든 글쓴이의 자유다.
5. 한 편의 글 내에서는 문체가 통일되어야 한다. 카테고리별로 경어체와 평어체를 섞어서 사용하는 건 가능하다.

블로그 글쓰기
목표 세우기

　사람들은 무엇 때문에 글을 쓸까? 왜 아무런 혜택도 없고, 피곤하고, 스트레스받고, 전기도 소비되고, 많은 시간이 소요되고, 엉덩이가 무거워지고, 가슴의 답답함을 느끼면서까지 글을 쓰려고 하는 걸까? 블로그 글쓰기라는, 어떻게 보면 아주 딱딱하고 별 내용 없어 보이는 이 글을 읽는 이유는 무엇일까?

　무작정 블로그에 글을 쓰기 전에 한 번쯤 생각해볼 만한 내용이 있다. '내가 블로그에 글을 쓰는 이유는 무엇인가?' '나는 블로그에 글을 쓰면서 도대체 무엇을 얻고자 하는가?' 이것은 블로그를 운영하는 목표가 되고, 글을 쓰는 목적이 된다. 글쓰기란 상당히 고된 작업이며 당신을 어디까지 발전시킬지 알 수 없는 판도라의 상자 같은 것이다. 형체를 알 수 없는 글쓰기란 고된 작업을 아무런 보상도 없이 사람들은 왜 하는 걸까?

블로그 목표가 아니라 블로그 글쓰기 목표다!

　강조하고 싶은 것은 단순히 블로그 목표가 아니라 블로그 글쓰기에 대한 목표가 되어야 한다는 점이다. 이것은 비슷해 보이지만 차이가 있다. 예를 들어, 블로그 목표가 '블로그로 돈 벌기'라면 굳이 시간을 들여 글을 쓸 필요가 없다. 단지 다른 웹사이트들을 돌아다니며 이것저것 긁어모아 포스트를 발행하고 적당한 SEO(Search Engine Optimization) 기법을 적용하고, 각종 광고를 덕지덕지 붙여놓기만 하면 되기 때문이다. 만약 '블로그 돈 많이 벌기'가 목표라면 이것은 상당히 어려운 일이며, 차라리 다른 일을 해서 돈을 많이 버는 게 훨씬 빠르다고 말해주고 싶다.

　블로그 글쓰기 목표란 약간 다른 개념이다. 즉, 블로그 목표는 '주'가 블로그가 되지만, 블로그 글쓰기 목표는 '주'가 글이 된다. 직접 생산한 콘텐츠가 '주'가 되는 것이다. 이때의 블로그는 단지 '콘텐츠를 확산시키고 쉽게 접근할 수 있도록 도와주는 도우미' 역할로서 작용한다.

　이 부분은 자칫하면 헷갈릴 수 있는 부분이기에 잘 판단해야 한다. 따라서 블로그 글쓰기 목표로는 도저히 '돈 벌기'나 '내 집 장만'에 도달할 수 없다. 하지만 그것의 초석이 되는 '책 출간'이라든지 '취업하기' '연봉 올리기' '강사로 데뷔' '제2의 인생 시작' 등은 충분히 가능하다. 이쯤에서 당신은 그런 게 어떻게 가능하냐고 의심을 가질 수 있다. 그러나 정말로 가능하다고 나는 강력하게 주장할 수 있다. 이미 많은 사람이 경험했고, 나 또한 경험했으며 지금도 누군가는 경험하고 있을 테니까. 그렇다면 진짜 어떻게 가능하냐고? 아주 쉽다. 블로그 글쓰기 목표를 세우고 그것을 차근차근 진행하면 된다.

목표의
중요성과 모순

많은 조언들과 이야기들 속에서 목표의 중요성을 강조한다. 그리고 목표를 세울 땐 최대한 구체적으로, 세부적으로, 작게 쪼개서, 현실성이 있으면서도 불가능해 보이는 것들이라든지 로드맵을 짜서 그것을 철저히 지키라고 이야기한다. 그러나 그렇게 말하는 사람들의 목표도 추상적일 때가 있고, 100% 달성하지 못하는 경우가 있다.

목표란 일종의 계획이다. 계획은 말 그대로 계획일 뿐이다. 계획은 언제든지 유동적으로 변할 수 있다. 사람들은 목표를 세우고 그것을 지키지 못할 경우, 자존심이 상하고, 우울해지고, 자기 자신이 미워진다고 하소연한다. 이것은 목표에 대한 잘못된 선입견 때문이다.

목표를 세우는 것은 중요하다. 그러나 아무도 모르게, 자신만 알도록 세운다면 그것을 이루어냈을 때 자랑하면 되고, 혹여나 실패했다 하더라도 좋은 경험으로 생각하면 그만이다. 당신의 목표는 당신이 입을 열기 전까진 아무도 모르니 안심해도 좋다.

목표를 세우는 것은 정말이지 도움이 된다. 필자의 저서 〈1인분 청춘〉에서도 목표에 관한 내용을 다루었다. 필자 또한 목표를 세우고 그것을 읽어보는 것만으로도 상당한 동기부여를 받고 있다. 하지만 목표는 절대적인 수치가 될 수 없다. 목표는 추상적으로 될 수도 있다. 목표란 달성하고자 하는 것을 의미하며, 가까운 혹은 먼 미래에 직접 경험하고 싶은 추정치를 뜻한다. 따라서 아직 경험해보지 못한 다양한 것들을 지금 당장 완벽하게 추측한다는 건 불가능에 가깝다.

목표 있는 블로그 글쓰기의 힘

　목표가 있는 글은 힘이 있다. 일정하고 안정적인 콘텐츠 생산이 가능하다. 독자를 끌어당기고 유혹하는 오로라가 있다. 거기에 사람들은 매료된다. 그러면 당신의 글은 더욱더 힘이 세지고 결국엔 목표를 이룰 수 있게 될 것이다. 혹은 그런 가능성을 높일 수 있다.

　만약 여러분이 블로그에 글을 쓰고자 한다면 목표를 세우는 게 좋다. 아무리 작은 목표든, 얼마나 거창한 목표든, 아니면 전혀 말도 안 되는 목표라 할지라도 목표는 세우는 게 좋다. 그것이 이루어질지 아닐지는 아무도 장담할 수 없지만, 목표가 있는 블로그 글쓰기와 그렇지 않은 블로그 글쓰기에는 엄청난 차이가 있다. 말하자면, 똑같은 시간과 노력을 들여 쓴 글일지라도 목표가 있으면 더 많은 방문자와 댓글, 추천으로 이루어지게 되고 목표에 한 걸음 더 바짝 다가가게 된다는 것이다.

　목표가 있는 블로그 글쓰기를 통해 얻게 될 가장 중요한 소득은 아무런 방해도 받지 않고 자신이 생각과 말을 다른 사람에게 전달할 수 있다는 점이다. 이 작업은 매우 깊은 중독성을 지니고 있다. 운동에도 중독성이 있는 것처럼, 글쓰기에도 중독성이 있고, 블로그 글쓰기도 당연하겠지만 중독성이 있다. 왜냐하면 종이에 적는 글쓰기에는 없는 '다른 사람들과의 사회적인 소통 시스템'이 이미 마련되어 있기 때문이다.

　블로그 글쓰기에도 목표가 필요하다. 필자가 이 글을 쓰고 있는 궁극적인 목적은 무엇일까? 이 글을 읽는 당신도 블로그 글쓰기에 도전하고 목표를 세워, 그것을 이뤄냄으로써 자신감을 되찾고, 자부심을 느끼고, 엄청난 성취감과 함께 행복을 경험했으면 한다. 만약 여러분이 이 글을 읽고(혹은 여기에 있는 다른 글을 읽고) 블로그를 시작하여 목표를 세우고, 조금씩 노력하여 소정의 성과를 달성한다면 필자의 목표는 이루어졌다고 할 수 있다.

블로그를 운영하면서 글쓰기를 훈련하고 연마하는 것이 장기적으로 훨씬 더 이득이 된다는 사실을 가까운 미래에 깨달을 수 있을 것이다. 돈 몇 푼이나 다른 사람에게 도움도 되지 않는 이상한 낚시 글을 쓰는 것은 단기적인 성과를 올릴 수 있을지 모르겠지만 오래가지 않는다. 오래가는 것은 직접 생산한 유일무이한 자신만의 콘텐츠이며, 이 콘텐츠는 날이 갈수록 더욱 빛을 발하고, 콘텐츠를 생산하는(블로그 맞춤형 글쓰기) 실력은 나날이 발전해 나갈 것이다. 그러면 목표에 한 걸음 더 다가갈 수 있다. 최종적으로 목표를 이룰 수 있다.

목표를 세우는 것에 너무 부담가질 필요는 없다. 추상적인 목표도 좋고, 지금 당장 생각나는 몇 가지의 목표만 세워도 충분하다. 목표는 조금씩 다듬어가면 된다. 시간이 지나면서 목표를 이루기 위해서는 어떻게 블로그를 운영하고 어떤 글을 어떻게 써야 하는지가 선명해질 것이다. 앞으로는 그 방식을 따르면 된다.

블로그 글쓰기 목표는 미래에 어떻게 확장될지 전혀 알 수 없는 멋진 체험을 제공한다. 가령, 여러분 중 누군가는 블로그의 글을 모아 소설책 한 권을 출간하는 것이 목표일 수 있다. 이런 목표를 따라 글쓰기를 하다 보면, 한꺼번에 책을 두 권을 출판하게 될 수도 있고, 책이 아니라 웹툰, 애니메이션이나 영화 시나리오로 사용될 수도 있다!

모든 글에 목표를 세우고 이것저것 따지라는 말은 아니다. 가끔은 일기도 올리고, 가십거리 포스팅도 있고, 아무런 의미 없는 글을 쓸 때도 있다. 이것도 나름의 가치를 지니고 있으니 물론 좋다. 하지만 장시간을 투자하는, 그러니까 블로그에서 주력이 되는 글을 쓰는 데에는 못해도 몇 시간은 필요하다. 이런 시간과 노력을 들인 글에 아무런 목적도 없다면, 대단히 안타까운 일이다. 블로그 글쓰기 목표를 세우자. 그리고 그것을 이뤄내자! 블로그 글쓰기를 통해 무엇을 얻고 싶은지 명확하게 생각해보고 목표를 점검해보자.

1. 블로그 글쓰기를 통해 얻고 싶은 것들을 목표로 설정한다.
2. 해당 목표를 달성하기 위해 어떤 노력이 필요한지 생각해본다.
3. 정해진 목표를 이루기 위해 꾸준히 자신만의 글쓰기를 실행한다.

잠자기 30분 전, 블로그 글쓰기 훈련

블로그를 멋지게 운영하고 싶다면, 블로그를 통해 자신이 원하는 것을 얻고 싶다면, 블로그를 활용하여 밝은 미래를 구축하고 싶다면, 당연히 블로그를 운영해야 하고, 그 블로그에는 콘텐츠, 즉 직접 작성한 글이 있어야 한다. 그렇다면 효과적인 글쓰기 훈련법은 무엇일까?

블로그 글쓰기가 어렵게 느껴지는 이유

간단하게 생각해보면, 글쓰기에 비법은 없다. 그저 계속 쓰면 된다. 계속해서 쓰고, 계속해서 읽고, 또 계속해서 쓰고, 읽고, 쓰고, 읽고…. 하다 보면 어느 순간 발전한 자신의 어휘력과 글솜씨를 볼 수 있다. 어떤 일이든 마찬가지겠지만, 블로그 글쓰기에도 꾸준함과 노력을 이길 방법은 없다.

그런데 이런 사실은 누구나 다 알고 있다. 당연하기 때문이다. 그렇다면 왜 많은 사람은 블로그 글쓰기를 어려워하고, 스트레스를 받고, 힘들어하고, 심지어 포기하는 것일까? 필자는 이런 질문에 대한 답을 찾기 위해 오랫동안 많은 블로거와 소통하고, 몇 가지의 추측을 통해 개인적인 실험을 하고, 여러 가지 의견들을 모아봤다.

오늘날의 세상은 너무 빠르게 흘러가고, 우리는 사회라는 울타리 안에서 너무 많은 짐을 지고 있다. 제대로 글쓰기 훈련을 할 만한 여력이 안 되는 환경에 살고 있기에 사람들은 글쓰기를 힘들어하고, 블로그 운영도 마찬가지의 이유로 어려워한다는 게 필자의 결론이다.

기본적으로 블로그 관리에는 시간이 소요된다. 사실 무료나 다름없는 블로그지만 시간 투자라는 기회비용을 생각해본다면 꽤 큰 비용을 투자하는 플랫폼임을 알 수 있다. 중학생, 고등학생, 대학생이나 대학원생, 직장인, CEO, 공무원, 사원, 주임, 대리, 과장, 차장, 부장, 기업의 임원, 노년층 등 각양각색의 사람들이 아직도 블로그를 운영하고 있다. 즉, 그들은 블로그에 시간을 투자하고 있다.

여러분이 중고등학교를 거쳐 대학 생활을 해 본 적이 있다면, 당신이 취업에 성공하여 직장인으로서의 삶을 경험한 적이 있다면, CEO나 공무원 혹은 기업의 임원 등의 고위직급 또는 낮은 직급에서 일해 본 적이 있다면, 하루가 얼마나 짧고 소중한지 이해할 수 있을 것이다. 이 세상 누구 못지않게 엄청나게 바쁜 사람들도 자신의 시간을 쪼개고 쪼개서 블로그에 시간을 투자하고 있다. 도대체 그들은 어떻게 시간을 만들어내고, 또 어떻게 그렇게 멋진 글을 블로그에서 작성할 수 있는 것일까? 여기에 대한 해답을 알고 싶다면, 잠자기 전 30분 블로그 글쓰기 훈련을 해보자.

주제나 어휘보다 더 필요한 것

우리에게 부족한 건 글감이 되는 주제나 어휘에 따른 표현력이 아니다. 블로그에 글을 쓰고자 하는 마음이 없을 뿐이다. 이 문제는 아주 짧은 시간에 해결할 수 있다. 잠자기 전 30분 동안 사람들은 무엇을 할까? 멀뚱멀뚱 누워서 리모컨을 만지작만지작 걸릴 가능성이 높진 않은가? 좀 더 생산적인 일과를 보내고, 미래를 개척할 마음은 없는가? 누워서 쓸모없는 문자메시지를 보내거나 이상한 가십거리 뉴스에 빠져 허우적대다 새벽을 맞이한 경험이 있다면, 그리고 이런 것이 얼마나 비생산적인지 생각해본 적이 있다면, 당신은 잠자기 전 30분 블로그 글쓰기 훈련을 할 준비가 되었다.

나이와 관계없이 어떤 직장을 다니든 매일 밤은 언제나 피곤하고 힘들 것이다. 그래도 해야만 한다면 해야 한다. 그리고 절대로 불가능하지 않다. 만약 당신이 해결해야 할 문제가 30kg 감량을 목표로 한 운동이나 1년 만에 마이클 조던처럼 덩크슛하기 같은 매우 큰 노력이 들어가면서도 결과가 불확실한 경우라면, 필자는 강력하게 권할 생각이 없다. 그러나 블로그 글쓰기는 자유라는 특성을 보이고 있으므로, 글쓰기 방향성에 대한 목표만 있다면, 즉 당신에게 글을 써야 한다는 다짐만 있다면 언제든지 쓸 수 있다.

우리는 달성 가능한 목표를 바라볼 때 도전정신을 가질 수 있다. 농구 골대는 적당한 높이에 있기에 슛 연습을 할 가치가 있다. 만약 농구 골대가 300M 높이에 있다고 한다면, 그 누구도 슛 연습을 하지 않을 것이다.

여러분은 매우 멋진 글을 작성할 능력을 이미 갖추고 있다. 사실 우리는 모두 평균 이상의 글을 작성할 수 있다. 단지 글을 쓰지 않았기에, 글을 써서 다른 사람들에게 공개하는 과정을 체험해본 적이 없거나 오래도록 지속하지 않았기 때문에 멋진 글을 작성할 수 없다고 생각하는 것뿐이다.

잠자기 전 30분만 블로그 글쓰기에 투자해보라. 처음에는 많은 글을 쓰지 못할 수도 있다. 짧은 글이라도 좋다. 30분이 힘들다면 20분 혹은 10분만 투자해도 된다. 어쨌거나 약간의 시간을 할애해서 블로그에 접속한 다음, 글쓰기 버튼을 누르고 마음에 드는 글씨체와 크기를 설정한 다음 무작정 글을 써보라. 어깨에 힘을 빼고, 마음속에서 울려 퍼지는 내면의 목소리에 귀를 기울여 보면 어느새 A4 1장 정도는 채울 수 있게 되는 자신의 글쓰기에 놀라게 될 것이다.

잠자기 전 30분 블로그 글쓰기의 혜택

잠자기 전 30분 블로그 글쓰기 훈련은 당신에게 두 가지의 혜택을 제공한다.

첫째, 기록하는 습관을 자연스럽게 만들어준다. 여기에서 기록이란 머릿속에 기록되는 기억과 메모장이나 노트 등에 기록하는 직접적인 기록 모두가 포함된다. 잠자기 전 30분 동안 글을 쓰기 위해서는 무언가 적을 거리가 필요하다. 즉, 주제가 있거나 자료가 있어야 한다는 뜻이다. 그렇다면 주제나 자료는 어디에서 찾는가? 일과에서 찾으면 된다. 비가 온다든지 눈이 오는 경우 날씨에 대한 글을 쓸 수 있다. 밥을 먹었거나 꿈을 꾸었다면 거기에 대한 글을 적을 수도 있다. 일상에서 사진을 찍는 습관을 들인다면, 멀티미디어 콘텐츠를 생산할 수 있다.

잠자기 전 30분 블로그 글쓰기는 다른 말로 하면, 콘텐츠를 생산하라는 의미다. 일반적인 일기와 블로그 글의 차이점 중에서 가장 큰 부분을 차지하는 것은 바로 '유익'에 있다. 일기는 자기 자신에 대한 포커스가 있기에 아무런 정보가 없어도 일기를 쓸 수 있다.

'오늘은 해가 떴다. 그래서 간만에 빨래했다. 끝' 이것도 일기가 된다. 그러나 유익성 측면에서 봤을 땐 가치가 낮을 수밖에 없다. 블로그의 글은 분명히 다른 사람에게 도움이 되는 정보가 조금이라도 있어야 한다. 블로그의 글은 기본적으로 독자에게 포커스가 있다. 따라서 그 어떤 정보든 정보를 제공하는 데에 목적을 두어야 한다. 다른 이에게 정보를 제공하려면 당연히 기록이 있어야 하고, 또 기록(기억이나 직접적인 메모 등)이 있을 때 훨씬 더 글쓰기가 편하다는 사실을 알 수 있을 것이다.

'오늘은 해가 떴다. 그래서 간만에 빨래했다. 나만의 빨래 방법 공개'는 일기라기보다는 블로그 글로서의 가치를 지니고, 훨씬 더 매력적이다.

둘째, 지금껏 경험해보지 못했던 색다른 체험을 할 수 있다. 잠자기 전 30분만 블로그에 글을 쓰기 시작한다면, 자신이 가지고 있는 어떤 콘텐츠를 다른 이에게 제공하는 경험이 얼마나 멋진 것인지 알 수 있다. 아주 사소한 것, 모든 사람이 웬만하면 다 알 것 같은 그런 정보나 글도 절대로 등한시해서는 안 된다. 가령, 면도하는 법이라든지 세수하는 법, 컴퓨터를 켜는 방법, 샤워나 목욕의 순서 같은 아주 사소하고 별로 중요해 보이지 않는 주제를 선정한다고 해도 당신은 지금껏 경험해보지 못했던 색다른 체험을 할 수 있다. 그런 정보가 정말 필요한 사람들이 아직도 많기 때문이다. 이렇게 따지면 우리는 지금 당장 블로그를 운영한다손 치더라도 50개 이상의 글은 써낼 수 있을 것이다. 색다른 경험은 직장을 이직하거나 이사를 가거나 새로운 애인을 만나거나 엄청난 비용을 써가면서 해외로 여행을 가지 않아도 할 수 있다. 작고 사소한 것부터 시작하자.

1. 잠자기 전 30분만 투자하여 블로그에 글을 써보자.
2. 블로그 글쓰기는 기록에 도움을 주고 콘텐츠를 생산하게 해준다.
3. 하루를 마감할 때 일기처럼 적는 콘텐츠는 오래도록 지속할 수 있다.
4. 처음부터 대단한 콘텐츠를 만들기는 어렵다. 작고 사소하게 시작하자. 대신 꾸준히 반복적으로 글을 쓰자.

블로그 글쓰기 재료 모으기 - 1
메모

요리를 준비하고 있다고 생각해보자. 요리하기 위해 가장 먼저 해야 할 일은 무엇일까? 레시피를 찾을 수도 있고, 청결한 환경을 위해 손을 씻을 수도 있다. 아니면 가스레인지를 청소하거나 다른 일을 할 수도 있다. 요리를 하려면 어떤 방식으로든 준비를 해야 한다. 하지만 요리 준비 과정에서 가장 중요한 것은 다름 아닌 '재료'의 준비다. 레시피나 청결 등은 이차적인 부가요소일 뿐이다. 재료가 준비되어 있지 않다면 아무리 좋은 레시피와 오성급 호텔 버금가는 청결도를 유지한다고 해도 요리를 완성할 수는 없다.

블로그 글쓰기 재료를 모으자

블로그에 글을 쓰기 위해서는 무엇부터 해야 할까? 사람들이 블로그 글쓰기에 어려움을 느끼는 이유는 '재료'가 부족하기 때문이다. 어휘력과 표현력, 혹은 글자를 몰라서가 아니다. 모름지기 글쟁이라면 그 글은 다름 아닌 '재료'에서부터 나온다는 것을 기억해야 한다. 그렇다면 글쓰기에서 '재료'란 무엇일까? 독서, 지식, 경험, 메모, 상상력 등이 해당 된다. 이 중에서 특히 메모는 가장 쉽게 관리할 수 있으면서도 유용하게 사용할 수 있는 재료다. 필수 재료라고 봐도 좋다. 이 메모라는 재료를 어떻게 요리하느냐에 따라 블로그의 글은 달라진다. 메모에 기초해서 글을 쓸 때와 메모에 기초하지 않은 글을 쓸 때, 우리의 글은 독자의 입장에서 느끼기에 마치 다른 사람이 작성한 듯한 인상을 줄 수 있다. 메모를 적극적으로 활용한다면 지금까지 써왔던 그 어떤 글보다(메모를 적극 활용하지 않은 글보다) 확실히 훌륭한 글을 쓸 수 있다는 뜻이다.

예전 같았으면 메모를 하기 위해 첫 표지에 '아이디어 노트'라고 적힌 주머니만 한 공책과 펜을 휴대하고 다녀야 했다. 쉽게 부르기 위해서 취재 수첩이라고 부르자. 문득 어떤 생각이 떠오르거나 메모해야 할 필요가 있을 때, 주머니에서 취재 수첩을 꺼내고, 손이나 벽을 받침으로 삼아 메모를 하곤 했다. 이런 방식은 생각보다는 나쁘지 않은 전략이지만 오늘날에는 맞지 않는다. 분실의 위험에 항상 노출되어 있고, 종이와 펜을 준비하고, 페이지를 넘겨 적을라치면 떠오른 생각 중 일부는 이미 증발하여 버리기 때문이다. 취재 수첩은 여전히 유용하고 메모를 적극적으로 활용하는 방법이며, 직접 손으로 쓰는 글은 기억에 오래 남는다는 장점이 있다.

그러나 요즘은 민간 우주선이 발사되는 시대다. 우리는 메모를 할 수 있는 무수히 많은 아이템을 갖고 있다. 단지 메모에 활용하지 않을 뿐이다.

항시 휴대하고 다니는 스마트폰, 아이패드, 노트북 등을 적극적으로 메모하는 데에 활용할 수 있다. 메모를 지원하는 애플리케이션은 셀 수도 없이 많이 있다. 어떤 프로그램을 사용할지는 전적으로 사용자의 몫이다. 자신에게 가장 잘 맞는 애플리케이션을 선택하고 그것을 메모에 적극 활용하고, 추후에 그 메모를 정리한 뒤 블로그에 글을 쓰면 된다. 중요한 것은 메모를 습관화하고 관리하는 것이다. 필자는 스마트폰의 기본 메모 앱을 활용한다.

사람들이 메모하지 않는 이유는 크게 두 가지로 요약할 수 있다.

첫째, 방금 보고 들은 내용을 자신이 모두 기억할 수 있다는 착각 때문이다. 실제로 어떤 사건이 일어나거나 어떤 아이디어가 생각난 직후에는 그것을 모두 기억할 수 있다. 그러나 약간의 시간이 지나고 다른 장면들이 머릿속을 휘저어 다니면 그때의 기억은 부활시키기가 대단히 힘들다.

둘째, 메모의 중요성을 모르기 때문이다. 메모라는 것을 매우 귀찮고 어렵게 생각하는 까닭에 부담스러운 감정을 가지고 메모를 습관화하지 못한다. 하지만 메모는 간단하게 작성하는 특성상 자신만 알아볼 수 있으면 끝이다. 메모를 체계적으로 하기 위한 여러 가지 방법들이 있겠지만, 그런 방법들은 나중에 필요할 때 익혀도 늦지 않다. 당장은 메모 자체를 자신의 일상에 집어넣어 습관화하는 게 우선이다.

메모, 어떻게 할 것인가?

메모는 길게 할 필요는 없다. 순간의 느낌과 분위기를 포착하기 위해서는 시간을 허비해서는 안 된다. 가능하면 빠르게 적고 빠르게 끝내야 한다. 그때의 상황을 기억할 수 있도록 키워드 위주로 정리하면 좋다. 이것은 개인마다 스타일이 다르기 때문에 어떤 정해진 방식을 제시할 수는 없는 부분이다. 서점에 가면 메모와 관련된 책들이 많다. 이런 책 중 몇 가지를 골라 읽어보는 것도 도움이 될 테지만, 메모 또한 블로그와 닮아서 개인만의 스타일을 정립할 필요도 있다. 개인만의 메모 방법이 적응되면 메모는 아주 자연스럽고 습관처럼 이루어진다. 그렇다면 어떻게 메모 방법을 구축할 수 있을까? 실생활 속에서 메모를 계속하는 방법 외에는 존재하지 않는다. 대부분의 사람은 뭔가를 깜빡 잊어버리면서 살아간다. 메모를 습관화한 사람은 뭔가를 깜빡하는 일이 드물다.

만약 여러분이 가지고 있는 어떤 메모 노트가 있다면(다이어리 등), 그것을 펼쳐 들고 천천히 살펴보라. 어떤 주제든 좋으니 거기에서 추출할 수 있는 블로그 글감을 발견하고 거기에 적힌 내용을 토대로 블로그에 글을 써보라. 머릿속 생각의 흐름보다 키보드를 두드리는 당신의 손이 더 빨리 움직이는 아주 멋진 체험을 할 수 있다. 이것이 바로 재료의 힘, 즉 메모의 힘이다.

꼭 블로그에 글을 쓰지 않는다고 할지라도 메모는 해야 한다. 어떤 식으로든 짤막한 메모는 당신에게 유익한 정보를 제공할 것이다. 그리고 이왕 메모했다면 그 내용을 가지고 블로그에 글을 쓸 수 있다. 메모하는 이유는 그때의 감정과 생각들을 시간이 지나서 다시 되살리기 위함이다. 자신의 번쩍이는 아이디어와 글감이 잘 관리된다는 느낌은 자신감으로 표출된다.

블로그에 글을 쓰는 것은 이전에도 계속 언급했던 것처럼 '과거를 기록하여 미래를 개척하는 당신을 위한 최고의 에듀테인먼트'이기에 메모에서 뻗어 나가는 글을 블로그에 그저 쓰기만 하면 된다. 메모를 활용하면, 블로그에 글을 쓰는 건 매우 쉬운 일이 된다. 살붙이는 작업만이 남았으니까.

메모도 활용할 수 있고, 생각과 아이디어, 경험, 느낌, 분위기, 지식 등 당신의 정체성을 대변하는 모든 것들을 기록으로 남길 수 있다. 사실상 블로그 글 자체가 또 다른 의미의 '공개되어 있는 조금 긴 시간적 메모'라 할 수 있는데, 이 공개된 조금 긴 시간적 메모는 일반적인 메모보다 훨씬 더 유익한 정보를 당신 스스로 제공할 것이다. 오래도록 블로그를 운영했던 사람들은 자신의 글을 자신이 검색해서 읽어보는 일이 종종 있다. 이후에는 블로그에 썼던 글 자체가 또 하나의 메모가 되는 셈이다.

잠재의식을 위한 묘약

메모를 하기 시작했다면, 이제부터는 블로그 글쓰기 때문에 스트레스를 받지 않아도 된다. 커서만 깜빡이는 하얀 화면을 모니터에 켜두고 키보드만 바라보며 멀뚱멀뚱 있지 않아도 된다. 만약 메모가 없는 상태에서 블로그에 글을 쓰고자 한다면, 종일 그때의 생각을 되살리느라 스트레스를 받아야 한다. 가령, 저녁 늦은 시간에 블로그에 글을 쓴다면, 아침부터 저녁까지 계속해서 '블로그에 어떤 글을 써야 할 것인가?'를 고민해야 한다는 의미다. 이런 작업은 에너지 낭비이며 생산성이 떨어지는 작업 방식이다.

필자는 이 책에서 여러 차례 블로그의 장점을 강조하고 있지만, 블로그는 로또가 아니다. 블로그는 그저 우리가 해야 할 일 중 하나다. 블로그는 당신 인생의 최종 목적지가 되어서는 곤란하다. 블로그는 그저 당신을 최종 목적지로 인도하는, 그러니까 당신이 블로그를 통해 얻고자 하는 그 무엇에 도달할 수 있도록 도와주는 도우미 역할을 할 뿐이다. 우리에겐 블로그보다 훨씬 더 중요한 일들이 있다. 만약 종일 블로그 글감 주제에 대해서만 생각하다가는 일상생활에 지장을 줄지도 모른다. 어떤 일이든 일상생활에 지장을 준다면, 그것을 지속하긴 어렵다. 간략한 메모는 당신의 머릿속에서 블로그 글감에 대한 공간을 비워준다. 이 공간을 인생을 위한 다른 내용으로 채우고, 블로그는 메모를 보면서 할 수 있다. 만약 절대로 잊어서는 안 되는 어떤 일이 있다고 할 때, 그것을 어디에 적어두지 않고 머리로만 기억해야 한다면, 그 일을 상기하느라 많은 에너지를 써야 한다.

일상생활에서 경험하는 모든 걸 메모할 수는 없는 일이다. 그렇게 하다가는 메모만 하다가 하루를 다 보내게 될 것이다. 부담감 없이 평소처럼 생활하다가 정말 글감이 될 것 같은 장면을 만날 때만 메모를 하면 된다. 15일에서 30일 정도만 조금씩 메모를 해본다면, 쌓이고 쌓인 메모가 얼마나 많은 인사이트(insight)를 주는지 알 수 있다.

메모 할 때 주의할 점은 처음부터 체계적으로 하지 말라는 것이다. 메모는 그저 손이 닿는 대로 아무 곳에나 빠르게 기록하는 것이 목적이다. 그것을 잊어버리기 전에 어디엔가 기록해두고 나중에 기억을 되살리기 위함이다. 따라서 처음부터 폴더 트리를 구축하고 메모가 삽입될 수 있는 모든 경우의 수를 따져서 카테고리를 생성하지 않아도 된다.

메모가 어느 정도 쌓였다면(하루에 한 번이든 일주일에 한 번이든) 약간의 시간을 내어 메모를 정리하는 작업을 수행하자. 이렇게 하면 당신은 메모를 제대로 할 수 있고, 정리를 하다가 보면 당연하게도 카테고리가 정립되고 메모 트리를 구축할 수 있다. 글을 쓰기 위한 메모. 자신의 잠재의식을 최대한으로 활용할 수 있게 하는 묘약이다.

1. 일상생활에서 메모하는 습관을 들이자.
2. 키워드 단위로 메모하고, 나중에 기억을 되살리면서 블로그에 글을 써보자.
3. 글쓰기 재료가 되는 메모를 블로그에 글을 쓸 때 적극적으로 활용한다.

블로그 글쓰기 재료 모으기 - 2
독서

　블로그 글쓰기를 위해 재료를 모으는 일은 매우 중요하다. 왜냐하면, 글을 쓰기 위해서는 쓸 거리가 있어야 하기 때문이다. 여기에서 '쓸 거리' 라 함은 쓰고자 하는 내용, 즉 콘텐츠다. 재료가 빈약한 상태에서 글을 쓰는 건 매우 어려우며 스트레스 받는 일이다. 자료 없이 글을 쓸 수는 없다. 어떤 식으로든 기초가 되는 데이터가 있어야 한다. 초보 블로거들이 흔히 저지르는 실수 중 한 가지는 충분히 재료를 모으지 않고 곧장 글쓰기 버튼을 클릭한다는 점이다.

　블로그에 글을 쓰기 위한 재료 모으기와 다른 글을 쓸 때 자료를 모으는 일은 닮은 점이 많다. 글을 쓰기 위해서는 어떤 형태로든 자료가 있어야 한다. 특히나 블로그에 글을 쓰기 위해서는 좀 더 광범위한 멀티미디어 자료가 필요하다. 가령, 책을 집필할 때 자료를 모으는 것은 논문이나 인터넷의 링크를 정리해두어야 하지만, 블로그에서는 하이퍼링크 기능을 활용해야 한다. 또 여러 개의 사진, 동영상, 음악 등 다양한 재료를 조합할 수 있다.

일단 읽어라

> 작가가 된다는 것은 어떤 것을 생각하는 것이 아니라
> 그것을 기록하는 일임을 명심하라.
>
> – 바버라 베이그 저 〈하버드 글쓰기 강의〉 중

자료가 많다면 글을 쓰는 것이 훨씬 쉬워진다. 자신이 구축해 놓은 자료가 많으면 많을수록 선택의 폭이 넓어지고, 그런 자료 중에서 원하는 것을 고르기만 하면 된다. 그렇다면 자료는 어떻게 모으고 구축할 수 있는가?

우리가 구할 수 있는 많은 자료 중에서 가장 방대하고 범위가 넓은 콘텐츠는 바로 책이다. 어떤 책이든 독서를 통해 재료를 모은다면, 아주 멋진 재료들을 다듬는 작업을 하는 셈이다. 독서의 중요성은 아무리 강조해도 지나치지 않다. 인생을 위해 책을 읽을 수도 있지만, 블로그에 글을 쓰기 위해 책을 읽고 거기에서 재료의 원석을 구한다면 일석이조의 효과를 볼 수 있다.

메모하는 것은 개인의 생각과 경험의 축약이라 할 수 있다. 독서를 하는 것은 다른 이의 생각과 경험의 축약을 배우는 일이라 할 수 있다. 따라서 메모와 독서를 동시에 한다면, '나'와 '너'의 생각과 경험을 동시에 흡수하는 매우 효율적인 작업이 되는 것이다.

많은 사람이 독서의 중요성을 알고 있다. 그러나 독서를 꾸준히 실천하는 사람은 드물다. 그들은 '독서'라는 단어만 들어도 몸서리를 친다. 1년 동안 얇은 책 한 권도 읽지 않는 사람들이 너무나도 많다. 성공적인 삶을

이룬 대부분의 사람과 유명한 인사들이 독서의 중요성을 계속 강조하지만, 당시에만 고개를 끄덕일 뿐, 지나고 나면 책을 읽지 않는다. 우리 주변엔 독서보다 더 자극적이고 재미있는 일들이 많기 때문이다. 블로그에 글을 쓰는 문제는 어쩌면 아주 쉽게 해결할 수 있는 부분이다. 즉, '잘 쓰는 글'의 정의가 무엇인지는 알 수 없지만 '글쓴이가 만족스러운 글'을 위해서는 책을 읽으면 된다. 글쓰기와 관련된 대부분의 문제는 독서를 통해 해결할 수 있다.

대부분의 사람이 독서를 하기 위해서는 엄청난 여유 시간이 있어야 한다고 생각한다. 이를테면, 하루에 4시간 정도는 조용하고 집중할 수 있는 여유 시간이 있어야만 제대로 책을 읽을 수 있는데, 그러한 시간적 여유가 없다는 핑계로 책을 멀리한다. 그러나 평범한 일상을 살아가는 사람 중 하루 4시간의 시간을 따로낼 수 있는 경우는 그다지 많지 않다. 자투리 시간을 활용하거나 어떻게든 시간을 만들어내서 독서하고 그것을 자료화시키는 작업을 해야 한다.

자신이 좋아하는 주제를 다룬 책을 읽어보자. 어떤 책이든 상관없다. 두뇌 과학을 다룬 과학 서적이든 연애소설이든 자기계발 서적이든 그리스 문화를 다룬 고전서적이든 관심 가는 책을 읽자. 필자는 인스타그램에 자랑할 목적으로 책을 읽는 것도 나쁘지 않다고 생각한다. 하지만 더 좋은 건 자신이 좋아하고 관심 있는 분야의 책을 읽는 행동이다. 독서는 다른 그 무엇보다도 학습에 도움을 준다.

재료 모으기 위한 독서

일반적인 독서와 재료를 구하기 위한 독서는 약간의 차이점이 있다. 단순히 재미를 위한 독서도 물론 좋겠지만, 우리는 지금 기존보다 한 단계 더 발전한 계단을 오르려 하고 있다. 즉, 읽고 마는 책이 아니라 읽은 책을 자료화시키고 그것을 축적해두는 작업 말이다.

읽은 책을 활용하여 자료를 모으기 위해서는 책의 내용을 어떤 방식으로든 기록해두어야 한다. 책에 밑줄을 그으며 읽는 사람이라면 나중에 밑줄 그은 내용을 노트에다가 필사할 수도 있다. 책을 읽는 와중에 필사를 겸한다면 책을 모두 읽고 난 후에 필사 노트가 바로 자료가 된다. 독서를 하다가 중요한 내용을 발견한다면 그 내용을 키보드를 통해 입력해서 디지털화 할 수도 있다. 메모장이나 워드프로세서가 작업을 도와줄 것이다. 혹은 클라우드로 공유되는 소프트웨어를 적극적으로 활용해도 좋다. 블로그를 활용할 수도 있다. 블로그에 '책 주요 내용 기록'이라는 카테고리를 만들어서 당신이 좋아하는 내용을 무작위로 집어넣고 '비공개'로 설정한 다음 '발행' 버튼을 누른다면, 책을 통해 자료도 모으고 포스트 작성까지 할 수 있다. 이 내용은 나중에 정리해서 '공개'로 전환하면 된다.

책을 읽기만 해서는 자료화시킬 수가 없다. 두뇌를 100% 신뢰하지 마라. 두뇌에서는 자주 반복되지 않고 중요하지 않다고 판단되는 내용을 저 멀리 구석에 저장해두거나 아예 지워버리기 때문이다. 따라서 당신이 책을 읽었다면 그것을 기록해두라. 재료를 모아라.

만약 당신이 블로그에 글을 쓰기 위해 책을 읽는다면 한 꼭지, 그러니까 약 20페이지 정도만 읽어도 무궁무진한 아이디어가 떠오르고 내면에서부터 올라오는 이야깃거리가 느껴질 것이다. 그런 것들을 모으고 또 모으자. 축적하자. 지금 당장 사용하지 않는다고 해서 중요하지 않은 건 아니다. 급한 일이 있는 반면 급하지 않은데 중요한 일도 있기 마련이다. 방학 숙제로 주어진 일기 쓰기는 마지막 날에 몰아서 하는 게 보편적인 방식이지만, 블로그 글쓰기는 그렇지 않다.

우리는 글을 쓰고자 한다. 글을 쓰려면 할 말이 있어야 하고, 그렇다면 무언가를 배워야 한다. 무언가를 배우기 위해서는 직접적인 체험과 함께 독서가 최선의 방법이다. 그리고 그것을 기록해두는 것이야말로 자신만의 '개인 데이터베이스'가 된다. 이 데이터베이스는 어떤 글을 쓰고자 할 때 엄청나게 큰 아이디어로 보상한다.

책을 읽고 그 내용을 기록해보자. 자신이 원할 때면 언제든지 쉽게 찾을 수 있는 곳에다가 기록해두자. 기록이 약간만 쌓여도 이 기록에서 얼마나 많은 글을 탄생시킬 수 있는지 깨달을 수 있다. 책은 책 그 자체로 끝나는 게 아니라 그 책 내용에 더해 자신의 생각이 더해지면서 정말 새로운 것들이 잉태될 수 있는 멋진 도구다.

> 뭔가를 쓰는 사람은 대부분
> 단순히 재료를 모으는 방법을 몰라서 제약을 받는다.
> – 루돌프 플레시 〈읽을 만한 글쓰기 요령〉 중에서…

1. 블로그 글감이 필요할 땐 독서를 하자.
2. 책에서 다양한 정보와 인사이트를 얻어 블로그 글쓰기에 활용할 수 있다.
3. 관심 분야의 책을 읽고 해당 분야의 글을 쓰면서 전문가로 거듭나야 한다.

블로그 글쓰기 재료 모으기 - 3
개인 데이터베이스 구축

지금까지 해 왔던 블로그 글쓰기 재료 모으기(메모하기, 독서하기)는 모두 지금 이야기하고자 하는 개인 데이터베이스(Persnal Database)를 구축하기 위해서였다. 개인화된 데이터베이스는 앞으로 여러분이 얼마나 멋진 블로그를 운영하게 해 줄지를 결정하는 매우 중요한 요소가 된다.

블로그 글쓰기뿐만 아니라, 개인화된 데이터베이스 구축은 향후 무엇을 하든, 가령 직장 업무의 하나로 프로젝트를 진행한다든지, 가족들과 멋진 여행을 떠나기 위한 계획을 세운다든지, 웃기고 재미있는 일을 기획하는 등에도 유용하게 사용할 수도 있다.

개인 데이터베이스 구축의 중요성

아직 개인 데이터베이스의 중요성을 인식하고 있는 사람은 많지 않은 것처럼 보인다. 글쓰기를 직업으로 삼는 작가뿐만 아니라, 소위 잘나가는 CEO, 1년에도 몇 권씩 책을 내는 교수, 특정 분야 전문가와 시간당 100만 원이 넘는 강사료를 받는 강사, 연예인 부럽지 않은 유명한 유튜버나 파워블로거, 특정 책의 저자 등 어떤 주제에 대해 많은 메시지를 내는 사람들은 대체로 개인화된 데이터베이스를 가지고 있다. 어떤 이는 그것을 '아이디어 노트'라고 부르고, 어떤 이는 '생각 창고', 또 어떤 이는 '인사이트 팩토리'로 부르기도 한다. 이름은 다양하지만, 철저히 개인화된 데이터베이스를 가지고 있다는 사실은 공통점이다.

지식사회인 오늘날 우리가 피부로 느낄 수 있는 사실 한가지는 '자기 자신이 스스로 PR'해야 한다는 점이다. 글이든 말이든 행동이든 방법을 막론하고 자기 자신의 꿈을 향한 길을 개척하기 위해서는 자신만의 스타일로 정립된 작업을 꾸준하게 이어 가야 한다. 여기에서 한가지 공통분모를 발견할 수 있는데, 글로 쓸 수 없는 말이나 행동은 존재하지 않는다는 점이다. 즉, 어떤 행위를 하든(그것이 말이든 행동이든) 그것은 글로 표현할 수 있어야 한다. 바꾸어 말하면 자신을 글로 표현할 수 없다면 자기 자신을 효과적으로 PR할 수 없다는 뜻이다.

모든 글은 자료에서부터 출발한다. 자료가 없다면 도저히 글을 쓸 의향이 생기지 않을 것이다. 자료는 글쓰기 직전에 모을 수도 있지만, 평소에 차곡차곡 모아두는 편이 여러 가지로 낫다.

개인 데이터베이스 구축하기

개인 데이터베이스는 말 그대로 개인적인 데이터베이스다. 보통은 혼자서만 사용한다. 따라서 자신이 알아볼 수 있다면 어떤 형태든 관계없다. 어떤 사람은 매우 깔끔한 폴더 트리를 구축해서 철저하게 관리하길 좋아하는 반면 어떤 사람은 하나의 폴더에 자료를 무작정 넣어두고 나중에 천천히 찾는 것을 선호하기도 한다. 자신이 사용하는 책상을 어지럽게 사용하는 걸 좋아하는 사람이 있는가 하면, 깔끔하게 관리된 책상을 선호하는 사람도 있는 것처럼, 관리 방법은 제각각이며 취향에 영향을 받는다.

여기에서 개인 데이터베이스라 함은 디지털화된 자료를 뜻하지만은 않는다. 취향에 따라, 또 그것이 자신에게 편하다면 아날로그로 된 데이터베이스를 만들 수도 있다. 가령, 신문 기사를 스크랩하여 바인더에 차곡차곡 모아두는 것도 좋은 방법이다. 만약, 신문 기사를 디지털화된 데이터베이스로 만들고 싶다면, 기사를 스크랩하여 그것을 다시 스캔한 뒤 개인 데이터베이스에 넣은 다음 태그를 입력하는 것처럼 나중에 검색할 수 있도록 만들면 된다.

아날로그든 디지털이든 개인 데이터베이스는 구축해서 관리되어야 하고, 분실 위험이 최소화되어야 한다. 수 년 동안 차곡차곡 모아온 신문 스크랩 자료가 한순간에 없어진다고 상상해보라. 분실 위험을 최소화하기 위해서는 아날로그보다는 디지털 자료로 관리하는 게 요즘 추세에도 맞고 관리도 쉬운 편이다.

자, 그렇다면 개인화된 데이터베이스는 어떤 식으로 구축할 수 있을까? 개인 DB를 구축하기 위해서는 보편화 된 GTD(Getting Things Done) 방식을 이용하면 편리하다. GTD는 '데이비드 알렌'이 주창한 시간 관리 개념이다. 일반적으로 할 일 목록 관리 등에 사용된다. GTD 방식에서 기초를 응용한 개인 데이터베이스 구축 방법은 크게 다음과 같은 6단계로 이루어진다.

나만의 데이터베이스

1단계 : 최상위 루트(Root) 폴더를 만든다.

앞으로 이곳에 모든 기억과 경험, 메모, 독서 내용, 아이디어, 인사이트, 대화 목록 등이 포함될 것이다. 루트 폴더에 멋진 이름을 지어준다면 (가령, 아이디어 팩토리) 금상첨화다.

2단계 : 루트 폴더 하위에 Inbox 폴더를 만든다.

Inbox 폴더에는 자신이 수집하는 모든 자료가 최초로 저장되는 곳이다. 건물로 치자면 입구라 할 수 있다. 만약 스크랩할 가치가 있다고 판단되는 블로그 포스트를 만났을 경우, 그것을 저장하여 Inbox 폴더에 우선 넣는다. 분류는 나중에 한다. 자료를 모으고 수집할 때에는 오로지 자료를 모으고 수집하는 데에만 집중한다. 겨우 1개 수집된 자료를 분류하느라 떠오르는 많은 아이디어들을 놓치고 시간과 에너지를 낭비하는 걸 방지하기 위함이다. 자료를 수집하는 과정에서 특정한 아이디어나 글감이 떠오른다면 곧장 Inbox에 있는 어떤 텍스트 파일을 열어 기록한다. 여기에 나열된 문장들도 나중에 분류하면 되니, 우선은 신경 쓰지 말고 머릿속에서 흘러가는 흐름에 따라 자유롭게 적어나간다.

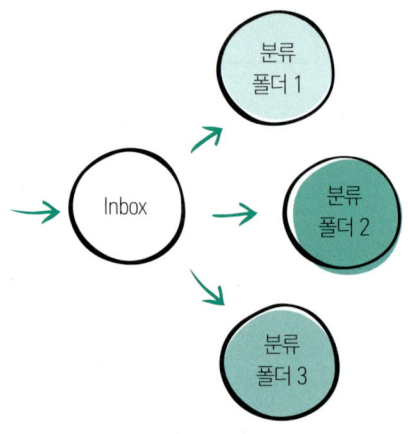

3단계 :
루트 폴더 하위에 폴더트리를 구축한다.

이제 루트 폴더 하위에 본격적으로 폴더트리를 생성하면 된다. 예를 들어 '독서 아이디어' 폴더와 '블로그 글감 수집' 폴더, '주요 신문 기사 스크랩' 폴더를 만들어 사용할 수 있다. 이것은 플랫폼별로 나누는 방법이다.

또 다른 방법으로는 주제별로 나눌 수 있다. 즉, '블로그 관련' 폴더, '책 쓰기 관련' 폴더, '논문 관련' 폴더 등으로 생성할 수도 있다. 어떤 식으로 폴더트리를 구축하든 자유롭게 하면 된다. 또한, 여기에서 생성된 폴더트리는 얼마든지 깊은 단계로 들어가도 좋다. 단, 나중에 검색하거나 찾기 편리해야 한다. 자료를 모으는 이유는 나중에 참고하기 위함이다. 따라서 어떤 형태로 관리하든 스스로가 찾기 쉬워야 한다. 폴더가 수백 개, 수천 개가 되어도 관계없다. 자신이 검색하거나 찾을 때 편리하다면 말이다.

4단계 :
루트 폴더 하위에 Trash 폴더를 만든다.

Trash 폴더는 말 그대로 휴지통처럼 사용하는 곳이다. 건물로 치자면 출구 정도가 되겠다. Trash 폴더를 생성하고 관리하는 이유는, 혹시라도 이전에 삭제한 자료 중에서 다시 필요한 자료가 있을 때를 대비하기 위함이다. 나중에는 Trash 폴더에서 자료를 삭제하는 방법이 좋다. 즉, 삭제하기 전에 잠깐의 숙성기간을 둔다고 생각하자.

개인 데이터베이스에는 하루에도 여러 자료가 수집되었다가 삭제되길 반복한다. 이때 불필요하다고 생각하여 삭제한 자료였는데, 나중에 필요한 경우가 생기는 경우가 있다. (생각보다 이런 경우가 많다) 따라서 Inbox 혹은 자신이 구축한 폴더트리에서 자료를 삭제할 경우 곧바로 '완전 삭제'하지 말고, Trash 폴더에 옮겨두라. 이 폴더는 주기적으로(일주일이면 일주일, 한 달이면 한 달)단위로 정리한다.

5단계 : 자료 분류

　자료수집이 어느 정도 완료되었다고 판단되면 자료 수집을 멈추고 수집된 자료를 분류한다. 일차적으로 수집한 모든 자료는 Inbox 폴더에 저장되어 있다. Inbox 폴더에 있는 자료들을 훑어보면서 분류에 맞는 폴더에 넣어주기만 하면 된다. 조금 더 신경을 쓴다면, 태그를 삽입하거나 파일명에 번호, 텍스트 등을 기입하여 나중에 좀 더 쉽게 찾을 수 있도록 할 수도 있다. 자료를 분류하는 가장 큰 목적은 나중에 찾아보기 위함이고, 나중에 찾아보려면 찾기가 쉬워야 한다. 지금껏 수집한 신문 스크랩 자료가 10개라면 딱히 분류하지 않아도 되지만, 만약 2,000개라면 분류하지 않고서는 어떤 기사가 어떤 주제를 다루는지 도무지 판단할 길이 없을 것이다.

6단계 : 백업

　매우 중요한 부분이다. 개인 데이터베이스는 앞으로도 꾸준히, 그리고 오래 할 작업이다. 많은 시간과 노력을 투자하여 구축해 놓은 개인 데이터베이스를 잃어서는 곤란하다. 그래서 백업은 필수다. 요즘에는 대용량 클라우드 시스템을 무료로 제공하는 포털들이 많이 있다. 용량이 무척 크다면 약간의 비용(매우 저렴하다)을 투자하여 클라우드 시스템을 이용할 수 있다. 어느 날 갑자기 컴퓨터가 벼락을 맞아 고장이 난다고 하더라도, 개인 데이터베이스는 고스란히, 그리고 안전하게 보관되어야 한다. 반드시 그래야만 한다. 그렇지 않고서는 개인 데이터베이스를 관리할 수조차 없다. 외부에서도 작업이나 자료 수집이 가능하도록 클라우드 시스템으로 백업하자. 혹시 그것보다 더 좋은 방법이 있다면(가령 외장하드 이중 백업이나 다른 방법) 그 시스템을 활용해도 좋다.

전략적 개인 데이터베이스

개인 DB 구축은 처음에는 귀찮고 어려워 보인다. 하지만 시간이 지나 데이터가 쌓이기 시작하면, 개인 DB가 얼마나 많은 도움을 주는지 두 눈으로 볼 수 있다. 이것은 귀찮은 작업이 아니라, 효율성과 생산성을 증가시키기 위한 작업이다. 즉, 우리는 지금 전략적으로 자신만의 데이터베이스를 기록하는 것에 시간을 투자하고 있다. 지금껏 지나온 과거 중에서 기억하지 못하는 중요한 자료나 내용이 얼마나 많았는지를 떠올려보자. 만약 지금 그 내용 중 대부분이 데이터베이스화되어 있다면, 우리는 오늘부터 아주 멋진 글을(그것도 논리적으로) 쓸 수 있고, 좀 더 훌륭한 목표를 기획할 수도 있다.

개인 데이터베이스 구축 및 관리를 도와주는 적절한 소프트웨어들도 출시되어 있다. 개인의 스타일에 맞는 적절한 개인 DB 관리 소프트웨어를 구매한다면, 소프트웨어에서 제공되는 강력한 기능들을 활용할 수도 있다. 가령, Devon Think([Devon think pro office] 데본 씽크 프로 자료 수집 및 문서 정리 관리하기) 같은 소프트웨어를 선택할 수 있다. 하지만 개인 데이터베이스 관리에 꼭 소프트웨어가 필요한 건 아니다. 폴더 구성을 알차게 하는 것만으로도 충분하다.

시간을 낭비하지 말라. 개인화된 데이터베이스는 시간과 긴밀한 관계에 있다. 우리는 하루에도 엄청나게 많은 정보를 접하고, 신문 기사를 읽고, 블로그를 서핑하고 웹을 탐색한다. 관심 있는 주제에 대해 검색하고 거기에서 또 다른 유용한 정보를 얻고, 무언가를 배운다. 수많은 아이디어가 반짝하고 나타났다가 사라진다. 이런 것들 중 상당수를 데이터베이스에 저장해둔다면, 이전에 검색했던 똑같은 검색어로 다시 검색하는 일을 줄일 수 있다. 시간을 낭비하거나 예전에 아주 멋진 아이디어가 있었는데 그것을 기억해내느라 에너지를 낭비하지 않아도 된다.

개인 데이터베이스를 구축해 두면, 이제부터는 블로그 글쓰기가 매우 쉬워지고 재미있어질 것이다. 그리고 블로그와 블로그에 글을 쓰기 위해 축적한 DB를 바탕으로 더 높은 목표(이를테면 저서 출판 등)를 계획하고 실천할 수 있다!

1. 개인 데이터베이스를 구축해야 한다.
2. 개인 DB는 이름은 거창하지만, 폴더로 구성된 자료들의 모음이다.
3. 여러 가지 자료들을 Inbox에 모으고 나중에 적절하게 분류한다.
4. 자료는 자신만의 방법으로 분류하되, 반드시 찾기가 쉬워야 한다.
5. 필요한 자료들을 차곡차곡 모아두면 나중에 큰 도움을 받을 수 있다.

블로그 글이 정말 안 써질 때
해볼 만한 3가지 방법

　블로그는 글쓰기에 도움을 준다. 블로그 자체가 글이며, 글 자체가 자신을 대변하기까지는 그렇게 오래 걸리지 않는다. 꾸준히 블로그에 글을 쓰고 콘텐츠를 관리하면서 블로그 운영 전략을 세운다면, 빠른 시일 내에 당신이 원하는 그 무엇을 얻을 수 있다.

　블로그에 글을 쓰다 보면 가끔 혹은 자주 겪는 현상이 있는데, 글쓰기를 도무지 진행할 수 없는 상황이다. 번아웃 같은 현상이다. 머릿속은 온통 '글을 써야지… 글을 써야지….'란 생각으로 가득 차 있지만, 글을 쓸 때 필요한 어떠한 아이디어나 인사이트도 떠오르지 않고, 모니터에는 깜빡이는 커서와 빈공간만 있을 뿐이다.

　매일 매일 엄청난 분량의 글을 토해내는 괴물 같은 블로거가 있다 한들 그 사람도 글이 정말 안 써질 때가 분명히 있을 것이다. 30년 이상의 경력을 가진 작가나 실용적 글쓰기를 강의하는 명강사도 글이 안 써질 때가 있기 마련이다. 상황이 이러한데 일반적이고 평범한 우리들은 말할 것도 없다.

글이 안 써질 때 무조건 포기해버린다면, 앞으로도 계속해서 글을 써나갈 수 없을 것이다. 블로그 글이 정말 안 써질 때 해 볼 수 있는 3가지 팁을 익혀둔다면, 포기하지 않고 느리지만, 꾸준히 글을 써나갈 수 있다. 느려도 괜찮다. 중요한 건 꾸준하게 하는 것이니까.

말하라! 기억을!
– 블라디미르 나보코프

글을 쓰기 위해서는 우선 뭔가를 생각하고 느껴야 한다. 그 무엇도 느끼지 않고 그 무엇도 생각하지 않는 사람은 글을 쓸 수 없다. 할 말이 있어야 글을 쓰든 말든 할 것이 아닌가? 당신의 몸과 마음이 일치하는 어떤 메시지를 찾는다면 당신의 글쓰기는 매우 수월할 것이다. 다음 팁은 그러한 과정에 도움을 준다.

1_ 책을 읽는다

모든 일에는 인과응보가 있다. 필자는 지금껏 여러 글쟁이를 오프라인에서 만나보았고, 수많은 블로그의 글을 읽어보았다. 책을 읽지 않는 사람이라도 글은 쓸 수 있다. 우리는 애초부터 일정 부분 글을 쓸 수 있는 능력을 갖추고 있다. 하지만 정말로 독자에게 다가가는 글을 쓰려면 책을 읽는 게 좋다. 뭔가를 생각하게끔 해주기 때문이다. 글을 능숙하게 풀어내는 사람들은 대체로 독서를 즐기는 사람들이다. 억지로 읽는다고 하더라도 도움이 된다. 우리도 그렇게 해야 한다. 어떤 책이든 관계없다. 지금 책을 읽는 것은 단지 '글이 정말로 안 써질 때'하는 하나의 대체 방법이기 때문이다. 글 쓰는 대신 독서하는데 그 시간을 투자하는 것뿐이다.

쓸데없이 오지랖이 넓으면서 글 좀 쓰거나 인기가 좀 있는 사람 중 몇몇은 '어떤 책은 좋고 어떤 책은 별로다'라든지 '책이라면 모름지기 논어나 윌리엄 셰익스피어 작품 정도는 읽어야지!'라고 말하거나 '자기계발 서적은 비슷한 내용뿐이라서 안 좋고, 소설은 재미는 있지만, 유용성이 없어서 안 좋고, 실용서는 너무 딱딱하고 현실적이라서 안 좋다'라고 말하기도 한다. 일리는 있다. 하지만 정답은 아니다. 책을 구분하는 것은 매우 좋지 않은 습관이다. 모든 책에는 배울 것이 있다는 게 필자의 오래된 생각이다. 어떤 책을 읽을 것인지를 예측하는 건 효율적이지 않다. 읽어보기 전까진 내용을 알 수 없기 때문이다. 책을 고르느라 시간을 허비하느니 차라리 그 시간에 어떤 책이든 몇 페이지를 더 읽는 게 훨씬 더 생산적이라고 할 수 있다.

여유 시간이 약간 있다면, 책을 조금이나마 읽은 뒤 바로 짧은 글을 써 보자. 해당 주제를 탐구하고 연구하는 자신을 발견하게 될 것이다.

여기에서 매우 중요한 포인트. 책을 모두 읽을 필요는 없다. 만약 책을 읽는 도중에 글을 쓰고자 하는 욕구가 느껴진다면, 책 읽기를 중단하고 글을 쓰면 된다. 독서, 글쓰기 모두 자유다. 하고 싶은 대로 한다! 재미있게 활동하자. 현대인들은 자신의 마음대로 할 수 있는 게 사실 몇 가지 안 된다. 독서와 글쓰기는 우리에게 마음대로 해도 좋다는 해방감을 안겨준다.

글이 정말로 안 써진다면 관심 분야의 책을 읽어보자. 자신이 쓰고자 하는 주제를 다룬 책이라면 더욱 좋다.

2. 글쓰기를 쉰다.

글이 정말로 나오지 않는다면 당분간 글과 멀어져 있어 보자. 자신의 블로그가 정말 엄청난 인기가 있고, 하루라도 글을 쓰지 않으면 독자들의 항의가 빗발친다고 할지라도 억지로 쓴 글에서 오류를 범하고 자기 자신도 만족하지 못하는 글을 쓰느니 차라리 며칠 정도 쉬는 게 좋다.

누구나 매일같이 멋진 글을 쓸 수는 없다. 우리는 글 쓰는 기계가 아니다. 글쓰기는 소모적인 작업이다. 에너지를 충전하라. 최대한 컨디션이 좋을 때 글을 쓰자. 하루 이틀 글을 쓰지 않는다고 해서 세상이 망하거나 키보드 타이핑 속도가 더 느려지진 않는다. 우리 두뇌가 글을 어떻게 쓰는지 잊어버리는 건 더더욱 아니다. 프로 운동선수들은 휴식조차 하나의 훈련으로 생각한다. 그리고 실제로 휴식도 중요한 훈련 일정 중 하나다. 이것은 특정 작업의 휴식 효과가 과학적으로 증명되었다는 것을 의미한다. 무조건 많은 시간을 투자하고 무조건 열심히 한다고 되는 일이 있고 그렇지 않은 일이 있다. 우리 신체의 체력과 마찬가지로 정신세계에서의 체력도 있는 법이다. 충전과 소모, 또 충전과 소모를 반복하면 된다.

글쓰기는 강제로 하면 어려워진다. 누군가가 당신에게 '아무런 조건 없이 내 블로그에 글을 한 편 써주시오!'라고 명령하면, 마음에 드는 글을 쓰긴 어려울 것이다.

글이 정말로 안 써진다면 블로그에 관한 생각을 잠시 접고 자신이 좋아하는 무언가를 하면서 시간을 보내자. 거기에서 글감을 찾고 그것을 통해 또다시 글을 써나가면 된다. 그렇다고 해서 너무 오래도록 멀어져 있으면 안 된다. 특정 상황에서는 쓰기 싫음을 이겨내고 글을 쓰는 것이 더 도움이 될 때도 있다. 따라서 어느 정도 글쓰기를 쉬었다고 판단한다면 다시 글쓰기 워밍업을 시작하자.

3_ 자신의 이전 글을 읽어본다.

글이 정말로 안 써진다면 자신이 지금껏 써왔던 수많은 작품을 읽어보자. 천천히 탐독해보자. 마치 다른 사람의 글을 읽는 것처럼, 방금 산 책을 읽는 것처럼 그렇게 읽어보자.

우리는 지금껏 알게 모르게 많은 글을 써왔다. 카카오톡 메신저에서 쓴 글, 인스타그램에 쓴 글, 이메일에 쓴 글 등… 새삼스럽게 자신의 글을 읽어보면 자기 자신도 깜짝 놀랄만한 어휘와 표현력, 단어 선택 등을 발견할 수 있다. 이것은 무엇을 뜻하는가? 자신의 잠재능력은 자신도 모르는 사이에 이미 많은 발전을 이루고 있다는 의미다. 그러니 조급해하지 않아도 된다. 자신의 글을 읽어보고 혹시라도 오탈자나 수정할 부분이 있다면, 고칠 부분이나 잘못된 부분이 있다면 실수를 바로잡고, 앞으로는 똑같은 실수를 하지 않으면 된다. 글쓰기에서 수정 및 보완과 퇴고는 꼭 거쳐야 하는 일이다. 블로그에서는 이것이 매우 쉽고 빠른 데다 실시간으로 반영된다.

자신의 글을 읽어야 할 궁극적인 이유는 자신이 쓰는 글의 주제에 대해 더 많은 이야깃거리를 만들어내기 위해서다. 자신이 썼던 글은 자신의 관심사를 대변한다. 관심이 없다면 그 내용을 주제로 다루지도 않았을 테니까. 한두 편의 글에 자신의 모든 관심을 표현해 낼 수는 없고, 똑같은 주제라 할지라도 새로운 글감을 떠올릴 수도 있다. 예를 들어, 공포 영화 리뷰를 다룬 포스트 2개를 보고 난 후 2개의 공포 영화를 비교분석 할 수도 있다. 평점을 매길 수도 있다. '올해 1월에 본 영화 BEST 3'를 선정해 보는 건 어떨까?

위의 팁은 절대적인 방법이 아니며, 빙산의 일각쯤 되는 단순한 팁일 뿐이다. 따라서 자신에게 잘 맞는 그리고 자신의 스타일에 맞는 방법을 찾는 게 우선이다. 게임을 할 수도 있고, 애인을 만날 수도 있고, 맛있는 음식을 즐길 수도 있다. 그리고 이러한 활동이 콘텐츠 소재가 되기도 한다.

만약 글쓰기를 예술로 생각한다면 예술에는 너무 많은 제약이 있어선 안 된다. 블로그는 농사 또는 마라톤 성격의 플랫폼이다. 길게 바라보면, 천천히 가더라도 꾸준하게 걷는 게 훨씬 나은 선택이다.

이 모든 방법을 동원했는데도 글이 써지지 않을 때는 몸과 마음이 아직 글을 쓸 준비가 되지 않았을 수 있다. 조급함을 버려야 한다. 노트를 펼치거나 자주 쓰는 워드프로세서 프로그램을 실행시켜놓고 그 무엇이든 휘갈겨 써보자. '안녕하세요'도 좋고 순간적으로 머릿속을 스쳐 지나가는 무수히 많은 생각들을 미친 듯이 써보는 것도 좋겠다. 프리라이팅이라고 부르는 방법으로, 멈추지 말고 아무것이나 생각나는 대로 막 써본다. 만약 더 쓸 말이 없다면, '쓸 말이 없다'라고 써보는 식이다.

> ...
>
> 1. 글이 너무 안 써질 때는 관심 분야의 책을 찾아 읽어본다.
> 2. 글쓰기에도 휴식이 필요하다. 최근 너무 무리했다면, 잠시 글쓰기를 쉬자.
> 3. 자신의 글을 읽어보는 건 여러 가지로 도움이 된다. 자신의 글들을 잘 엮어서 새로운 콘텐츠로 만들 수도 있다.

상상력을 발휘하는 글쓰기

모든 글쓰기에는 상상력이 필요하다. 굳이 소설이나 영화 시나리오를 말하지 않더라도 일정부분 상상력이 가미 된 글이 훨씬 매력적이기 때문이다. 뉴스기사처럼 정확한 수치와 명백한 정보, 객관적인 데이터만을 전달하는 블로그의 글은 매력이 떨어진다. 독자들에게 환영받고 독자들의 마음에 가닿는 블로그 글에는 상상력이라는 유용한 부가요소가 함께 들어있다.

상상력이 중요한 시대

예전에 취업을 준비 중인 학생을 만난 적이 있다. 그 학생은 이력서와 자기소개서를 쓰는데 만도 거의 한 달이라는 시간을 투자하고 있었다. 만약 그 학생이 평소에 블로그를 통해 글쓰기를 연마하고 상상력을 발휘하는 법을 훈련해 두었다면 그토록 많은 시간이 들지는 않았을 것이다.

　그 학생이 필자에게 하소연했다.

　"이력서와 자기소개서를 쓰는 게 너무 힘들어요"

　힘든 이유는 어휘나 분량, 단어 선택의 문제가 아니었다. 그는 이력서와 자기소개서의 '정답'을 찾고 있었다! 이력서에는 정답이 없는데도 그는 정답만을 찾는 데 익숙해져 있었다. 또한 자기소개서에 정해진 목차와 텍스트 숫자에 너무 얽매여 있었다. 자신의 장점과 포부를 나타내는 게 목적인 자기소개서를 너무 틀에 맞추다 보니 도무지 마무리 지을 수 없었던 것이다. 그는 자기소개서 1번 항목에 '지원 동기'가 있고 500자 이내라는 제한이 있는데, 지원동기를 500자 내에 맞추기가 너무 힘들다고 하소연했다. 나는 "텍스트 숫자나 항목에 신경 쓰지 말고 그저 쓰고 싶은 내용을 쓰세요. 심사관이 지원동기가 500자인지 501자인지 499자인지 체크해보진 않을 테니까요."라고 말했다. 그는 곧 밝은 표정이 되었다.

상상력으로 미래 준비하기

　상상력이 중요한 이유는 미래지향적이기 때문이다. 우리는 상상력이 중요한 시대에 살고 있다. 무형의 콘텐츠가 돈으로 직결되는 시대를 살고 있다. 꼭 취업을 준비 중인 상황에서뿐만 아니라 직장이나 진급 등 사회생활 전반에 걸쳐 상상력이 필요한 시대가 도래했다. 상상력에서 탄생한 유·무형의 콘텐츠와 기획력이 곧 실력을 증명하는 시대다. 따라서 상상력이 고갈된 사람에게 미래란 불투명하다고 할 수 있다.

상상력이라고 하는 것은 어느 날 갑자기 하늘에서 뚝하니 떨어지지 않는다. 마치 어린아이처럼 평소에 조금씩 보듬고 키워줘야 한다. 그래야만 필요할 때 제 기능을 발휘한다. 좋은 소식 한가지는 상상력은 누구나 가지고 있다는 점이다. 인류가 일궈온 문명 전체가 모두 상상력을 기초로 하고 있다. 따라서 블로그 글쓰기를 통해 상상력을 발휘한다면, 블로그는 상상력이라는 옷을 입고 훨씬 더 매력적으로 변신할 것이다.

결국, 글쓰기에서 상상력은 매우 중요하다. 그리고 상상력이란 거창한 게 아니다. 상상력은 우리 모두에게 이미 주어져 있다. 글을 쓰기 위해 상상력을 동원하는 것은 단순히 자료를 비교·분석하는 것과는 다르다.

자료 분석 및 정보제공은 데이터만 수집된다면 누구라도 할 수 있다. 중학생 정도만 되어도 할 수 있다. 그러나 상상력을 통해 글을 쓰는 건 아무나 할 수 없다. 가령 블로그 글쓰기를 통해 어떤 목표에 도달하고 싶을 수 있다. 그렇다면 구체적으로 어떤 목표에 도달해야 할까? 블로그 글을 책으로 출판하기? 아니면 유명한 잡지에 칼럼 글을 쓰는 영광? 이것은 목표를 세우는 것과는 다르게 그 목표를 이끌어가게 하는 힘이다.

블로그 글쓰기에서 상상력 활용하기

블로그 글쓰기에서 상상력은 자기 자신을 상상력의 끝에 위치시켜야만 작동한다. 다시 말해서 '가정'을 전제해야만 한다는 것이다. 예를 들어 '만약 내가 하루 방문자 5,000명이 되는 블로거라면 어떤 글을 쓸 것인가?' 처럼 추상적이지만, 현실성이 있는 상상을 통해 자기 자신을 해당 분야 전문가로 가정하고 글을 써야 한다. 여러분은 지금 특정 분야의 전문가일 수도 있고 아닐 수도 있다. 하지만 전문가라는 걸 도대체 누가 증명할까?

상상력을 동원하라고 해서 꼭 소설을 쓰라는 것은 아니다. 영화 감상평을 블로그에 쓴다고 해도 '만약 내가 감독이었다면', '만약 내가 주인공이었다면' 같은 상상력의 문장을 만들어 넣을 수 있다. 맛집 리뷰를 쓸 때도 '직장인이 먹기에 좋은'이라든가 '현실에 지친 사람들에게 위안을 주는 인테리어' 같은 상상력을 발휘할 수 있다. 만약 제품 사용기를 쓴다고 할 때도 '고등학생이 사용할 경우'와 '직장인이 사용할 경우' 그리고 '노년층이 사용할 경우'의 장단점을 독자들에게 알려줄 수도 있다. 상상력으로부터 조금의 도움만 받아도 글을 쓸 수 있는 소재는 엄청 많이 발견할 수 있다.

블로그 글에 당신의 주관적인 상상력을 첨가하자. 단순한 수치와 데이터 비교분석도 좋지만, 그런 데이터는 TV 뉴스나 신문 기사에서, 잡지에서, 다른 블로그에서 볼 수 있는 콘텐츠다. 자신만의 상상력은 다른 이들과 차별화시키는 특별한 콘텐츠다.

1. 블로그에 글을 쓸 때 상상력을 발휘해서 글을 써보자.
2. 상상력을 동원하면 글감을 찾는 게 수월하고 더 효과적인 글을 쓸 수 있다.

구체적으로 쓰기

　블로그에 글을 쓰는 이유는 다름 아닌 다른 사람에게 무언가를 공유하기 위해서다. 아무것도 공유할 것이 없는 사람은 절대로 블로그에 글을 쓸 수 없다. 자기 혼자만을 위한 글, 예를 들면 단순한 일기나 메모장 혹은 다이어리 같은 용도로 사용한다고 하더라도 블로그의 글은 다른 사람들에게 '보여주고 싶다'는 일종의 심리를 반영한 결과물이라고 할 수 있다.

　블로그에 글을 쓰는 순간에는 무슨 일이 일어나고 있을까? 눈에 보이지는 않지만 글쓴이와 누구인지 알 수 없는 읽는 이의 작가-독자 관계가 형성된다. 여기에서 작가는 블로그에 글을 쓴 글쓴이, 즉 자신이며 독자는 불특정 다수이기에 누구일지는 특정할 수 없다.

구체적으로
써야 하는 이유

독자들은 블로그에서 글을 읽는다. 무언가를 이해하기 위해, 어떤 문제를 해결하기 위해, 첫 소개팅에서 만난 상대방과 멋진 데이트를 위한 여행코스가 필요해서, 정말 오랜만의 가족들과의 외식을 위한 맛집을 알고 싶어서, 인테리어 하는 방법이 궁금해서, 요즘 뜨는 연예계 핫 이슈를 좀 더 찾아보기 위해서, 과거 추억에 젖고 싶어서 등…. 이유는 무궁무진하지만 변하지 않는 것은 블로거가 쓴 글을 특정 상황에서 특정한 사람이 본다는 사실이다.

블로그에 글을 쓸 때는 쉽게 쓰는 것만큼이나 중요한 것이 있는데, 그것은 바로 구체적으로 써야 한다는 점이다. 쉽게 쓰는 것과 구체적으로 쓰는 것은 다르다. 쉽다는 것은 말 그대로 쉽다는 것이지 쉬운 것이 항상 구체적이지는 않다. 예를 들어 '하늘은 하늘색이다.'라는 설명은 매우 쉽다. 하지만 이 문장은 구체적이라고 하기에는 무리가 있다. '하늘'에 대한 설명이 구체적이려면 이해하기 쉬우면서도 당장에 이미지를 떠올릴 수 있는 다양한 설명이 곁들여져야 한다. 이를테면, '하늘은 흰색과 파란색 물감을 섞었을 경우에 나타나는 색을 띠고 있고, 울진 바다의 색과도 비슷한데, 오후 3시경이 가장 선명한 색을 볼 수 있다. 한마디로 아름다운 녀석이다.'처럼 말이다. 여기에다가 저작권에 문제가 없는 사진과 자료, 관련 링크, 동영상 등 멀티미디어를 적극적으로 활용한다면, 글은 멀티미디어 성격을 가지면서 구체적으로 변할 것이고, 독자들은 거기에서 도움을 얻을 것이다.

그렇다면 블로그 글은 왜 구체적으로 써야 하는가? 그 이유는 단순하다. 구체적인 글은 글쓴이의 신뢰성과 전문성을 돋보이게 해주기 때문이다. 글 내용이 전문적으로 될수록 더 많은 사람에게 도움이 되고, 그렇게 되면 검색도 더 잘 된다. 여러분이 만약 독자라면, 전문가의 글을 신뢰하겠는가, 아니면 그냥 지나가는 사람처럼 여겨지는 글을 신뢰하겠는가? 아마도 전자일 것이다.

블로그 글은 책이나 잡지, 신문이나 책의 원고처럼 공식적으로 편집되고 필터링 되는 시스템이 적용되지 않기 때문에 신뢰 여부는 독자의 행동이 결정한다. 여러분이 만약 블로그에서 본 칭찬 일색으로 추천된 음식점을 실제로 방문했다고 해보자. 안타깝게도 블로그에 소개된 내용과는 전혀 다른 나쁜 서비스 때문에, 첫 소개팅에서 만난 마음에 드는 이성을 놓치게 된다면 어떨까? 이것은 돌이킬 수 없는 큰 문제를 야기할 테지만, 그 누구에게도 피해 보상을 요구할 수는 없다. 이것은 블로그가 '주관적'인 플랫폼이기 때문인데, 같은 이유로 독자들은 블로그의 글을 신뢰하고 싶어 하는 것이다. 아무리 주관적이라 할지라도 신뢰할 수 있는 글이 있고 그렇지 않은 글이 있다. 우리는 신뢰할만한 글, 신뢰하고 싶어지는 글을 써야 한다.

어떤 글이 신뢰를 주는가?

그렇다면 도대체 어떤 글이 신뢰성을 담보할 수 있는가? 파워블로그 배지가 있어야 하는가? 아마도 어느 정도는 신뢰할 수 있을 것이다. 관련된 내용에 대한 포스팅이 1,000개 이상 있다면 어떨까? 오래도록 활동한 셈이니 믿을 만 할 것이다. 관련 내용으로 된 책을 썼거나 관련 내용으로 TV, 라디오 등에 출연하고 있다면 신뢰할만할까? 물론이다.

그러면 파워블로그도 아니고, 포스팅도 많지 않고 저서나 라디오 출연도 없는 사람은 전문가도 아니고 신뢰성도 줄 수 없단 말인가? 다행스럽게도 대답은 '아니다'다. 누구나 독자에게 전문성과 신뢰성을 느끼게 해줄 수 있다는 메시지가 이 글의 핵심이다.

특정 독자가 당신이 쓴 포스트의 신뢰성을 확인하기 위해서 해당 블로그를 샅샅이 뒤져야 한다면, 당장에 컴퓨터를 종료하고 지인에게 전화를 거는 편이 낫다고 생각할 것이다. 우리가 제공하는 신뢰성은 블로그 포스트 자체에서 해결해야 한다. 즉, 저서가 있든 없든, 파워블로그 배지나 관련 포스팅 내용의 개수는 어차피 살펴보지 않으므로 큰 관계가 없다. 그저 한 편의 글 안에서 신뢰성을 느끼게 해야 한다. 우리가 마법사도 아닌데, 처음 마주한 독자가 나를 믿도록 해야 한다니! 이 얼마나 무시무시하고 어려운 일인가? 하지만 방법은 있다. 자신이 쓰는 글을 구체적으로 만들면 된다. 글이 구체적이면 구체적일수록 전문성과 신뢰성은 담보된다. 실제의 그래프나 데이터에서 오르는 것이 아니라, 독자의 마음속에서 느껴지는 신뢰성이다!

구체적인 글이 왜 전문적으로 보이며 신뢰성을 높여주는 것일까? 구체성이야말로 프로와 아마추어, 전문가와 비전문가를 가르는 척도로 인식되기 때문이다. 가령, 육아 경험이 풍부한 어머니는 아이를 키우는 방법에 대해 자세한 내용으로 글을 쓸 수 있다. 아이들이 무슨 색을 좋아하는지, 좋아하는 TV 프로그램은 무엇인지, 자주 이야기하는 내용이나 나이별로 어떤 장난감을 즐겨하는지까지 거의 불필요하다고 생각될 수도 있는 이야기까지 할 수 있다. 그러나 육아 경험이 거의 없는 사람이라면 이런 내용을 글로 풀어내기란 거의 불가능하다.

전문성과 신뢰성을 주는 방법

어떤 이야기를 할 때, 당신은 그 내용을 모두 알고 있겠지만 독자는 그렇지 않음을 기억해야 한다. 독자는 아무것도 모른다! 모르니까 당신의 블로그에 방문하는 것이다. 따라서 독자는 글쓴이가 쓰는 내용을 배우고 싶어 하는 학생이라고 할 수 있다.

학생들에게는 항상 구체적으로 설명해주어야 한다. 그들은 배우는 입장이다. 또한, 설명에 대한 회의감까지 느끼고 있다. 따라서 구체적이지 않고 이해하기 어렵다면 당장에 읽기를 중단하고 집어던져 버릴 것이다. 또 당신의 글이 정리되어 있지 않고 번잡하다면, 빛의 속도로 블로그 화면 창에서 X 버튼을 클릭할 것이다. 모든 정보를 다 제공한다고 하더라도 정리되어 있지 않다면 구체적이라 할 수 없다. 구체적이란 쉽게 이해하도록 도와주어야 한다는 뜻이다. 그래프, 도형, PPT, 인포그래픽, 사진, 동영상, 그림 등 무엇을 활용해도 좋다. 멀티미디어를 활용한다는 건 콘텐츠를 더욱더 쉽게 이해하게끔 유도할 수 있다는 의미다. 때로는 10줄의 글보다 한 장의 사진이 더 많은 정보를 제공하기도 한다. 30줄의 글보다 잘 정리된 표나 그래프가 보기에도 좋고 이해하기에도 쉬울 때도 있다.

자신이 쓴 글에 대한 신뢰성을 높이고 싶은가? 남들에게 본인이 전문가임을 확인 시켜 주고 싶은가? 그렇다면 글을 될 수 있는 한 구체적으로 써보라. 쓸데없는 말을 장황하게 늘어놓거나 텍스트 숫자만 늘리라는 뜻은 아니다. 이것은 오히려 독자들에게 혼란만을 가중할 뿐이다. 정말 전문가라면, 그리고 전문가 대열에 합류하고 싶고 독자들에게 신뢰성과 전문성을 동시에 느끼게 하고 싶다면, 구체적으로 쓰는 방법에 관한 공부를 시작하면 된다. 다양한 자료와 여러 정보를 취합하고 자기 생각을 곁들여서 풀어내는 훈련을 지속한다면, 구체적인 글이 그다지 어렵지 않음을 알 수 있다.

1. 블로그 글은 구체적으로 써야 한다.
2. 멀티미디어를 활용하면, 콘텐츠 내용의 구체성이 극대화된다.
3. 전문적인 콘텐츠는 어렵지 않다. 고수들은 쉽게 설명하고 이해하기 편리한 콘텐츠를 제공한다.

의무적인 글쓰기를 벗어나기

진심으로 블로그를 '제대로' 운영하고 싶은 분들이 많다. 블로그의 다른 이점은 모두 무시하고서라도 자기 자신을 위한, 자신의 재미와 능력을 위해, 그러니까 자기 자신을 위로하고 발전시킬 수 있는 도구로 작용하게 만들고 싶다면, 의무적인 글쓰기에서 벗어나야 한다.

창조적인 글쓰기가 필요하다

블로그를 통해 원하는 것을 얻기 위해 우리는 창조적이 될 필요가 있다. 즉, 우리가 사용할 수 있는 능력 중 여러 가지를 동시에 이용할 수 있어야 한다는 뜻이다. 우리는 지금까지 상당히 많은 제약 속에서 지내왔다. 혹시 벌써 제약에 익숙해져 버렸거나 안주하고 있진 않은지? 하지만 안심해도 좋다. 블로그에서 당신의 창조적인 능력을 마음껏 발휘할 수 있기 때문이다.

적어도 블로그에서만큼은 자유를 만끽할 권리가 있다. 아무것도 신경 쓰지 않고 오로지 자기 자신만을 위해, 그리고 그것을 읽는 독자를 위해 무언가를 할 필요가 있다. 블로그 글쓰기를 통한 소망 이루기는 몸과 마음이 자유를 만끽할 때 비로소 이루어진다.

일반적인 글쓰기처럼 학교나 직장에서 마주하게 되는 글쓰기와 블로그 글쓰기의 차이점은 바로 '자유'다. 블로그 글쓰기에서는 자신의 주제를 선택할 자유, 하고 싶은 말을 할 자유, 도움이 되는 능력을 활용할 자유, 독자를 선택할 자유, 무엇이든 끄적거려볼 자유, 원하는 단어와 문단을 선택할 자유, 원하는 방향에 따라 글을 공유하거나 공유하지 않을 자유, 자신의 시간을 사용할 자유, 소재를 찾고 궁금한 것이 있다면 모든 방법을 동원해서 익히고 그것을 자신의 능력에 맞춰 발전시킬 자유가 있다.

의무적인 글쓰기에서 사용할 수 없는 것들

보통 학교에서나 직장에서 해야 하는 글쓰기는 많은 자유를 허용하지 않는다. 숙제는 하기 싫어도 억지로 해야 한다. 그렇지 않으면 회초리가 날아오거나 성적에 문제가 발생할 수 있다. 직장에서의 글쓰기도 마찬가지다. 불필요한 논쟁을 하지 않기 위해서는 쓰고 싶은 글보다는 써야만 하는 글을 써야 한다. 의무적 글쓰기. 숙제와 보고서는 의무적으로 써야 한다.

의무적 글쓰기에서 자유를 찾기란 사막에서 바늘을 찾기만큼 어렵다.

의무적 글쓰기에서는 오직 데이터와 지적 능력만이 필요하다. 베스트셀러 소설가가 사업보고서를 잘 쓰리라 생각하는가? 필자는 그렇게 생각하지 않는다. 모르긴 몰라도 사업보고서는 우리 옆집에 사는 모 회사의 과장님이 훨씬 잘 쓸 것이다. 보고서에서는 상상력이라든지 아이디어, 재미있는 단어나 비유, 독특한 유머나 스토리텔링을 사용할 수 없다. (보고서에 '핵존맛'이라는 단어가 있다고 상상해보라!) 오로지 정해진 범위 내에서 딱딱하고, 어렵지만 고급스러워 보이는 단어를 고르고, 한자와 영어를 섞어서 이상하지만 멋있어 보이는 그런 글을 써야만 한다. 이외에 다른 능력은 필요치 않다.

업무 담당자는 자신이어도 실제 보고서의 스타일은 상사의 취향에 포커스를 둘 수밖에 없다. 상사의 지시사항은 무조건 반영되어야 한다. 마감 시간에 늦었다간 상상도 하기 싫은 일이 일어날 것이다. 보고서는 결재란에 서명이 들어간다. 이것은 곧 보고서가 검토와 평가의 대상이라는 뜻이다. 글쓴이가 얼마나 주어진 주제를 잘 해석했는지는 중요하지 않다. 보고서에서는 오로지 오탈자의 여부, 표 각 잡기, 차트 사용 여부, 저작권은 전혀 신경 쓰지 않는 적절한 이미지의 사용 여부, 어려운 용어나 한자를 사용했는지 등에 따라 평가가 갈린다. 당신의 보고서가 결재권자의 마음에 쏙 든다면 칭찬받을 테지만, 자신의 의견과 생각은 반영되지 않았기에 당신이 얻는 것은 많지 않다.

당신이 학생이라면 의무적인 글쓰기가 지루하다 못해 아주 지긋지긋할 것이다. 전혀 흥미도 없는 주제에 관해 교수님이 요구하는 방식대로 리포트를 작성해야 하기 때문이다. (정말 관심 분야라고 해도 시간이 촉박할 확률이 높다) 딱히 그래프나 차트가 필요 없어 보이는 부분인데도 부족한 분량을 채우기 위해 억지로 끼워 넣어야만 한다. 분량으로 평가받기 때문이다. 여기에서 분량은 작성자가 선택한 게 아니라 제출자가 임의로 선택한 사항이다. 그리고 마감 시간 내에 제출해야 한다. 리포트를 검토 받아야 하며 평가받아야 한다. 마치 빵을 훔치다가 발각된 어린아이처럼 결과가 발표될 때까지 마음을 졸여야 한다. 이런 제한적인 글쓰기도 우리 사회에는 물론 필요하다. 단, 글을 쓸 때 자유가 없다는 사실은 명백하다.

당신을 결정짓는 것

내가 처음 직장에서 보도자료를 작성할 때 제시한 아이디어는 "딱딱한 보도자료 말고, 간결하면서도 매끄러운 보도자료를 작성해보는 건 어떨까요? 이를테면, 마치 멀티미디어를 적용한 인터넷상의 글처럼 텍스트에 색을 입히고, 최신 폰트를 사용하는 방식은요? 워드프로세서가 아니라 편집 완료된 HTML 형태의 보도자료도 재미있지 않을까요? 단어의 선택도 조금 완화하는 건 어떨까요?"였다. 대답은 "NO"였다. 지금 와서 생각해보면, 이건 썩 좋은 방식은 아니었다. 회사는 바빴고, 보도자료는 그 많은 일 중 하나일 뿐이었으니까.

이처럼 우리가 일반적으로 하는 글쓰기에서는 대체로 창작 활동을 할 수가 없다. 그러다 보니 많은 사람이 글쓰기에 어려움을 토로하고 흥미가 없다고 느낀다. 개인적인 경험을 그저 적어나가고 거기에서 메시지를 찾아 공유하는 것에 많은 고통을 받는 것처럼 보인다. 하지만 블로그 글쓰기는 의무적 글쓰기에서 충족되지 못했던 자유와 상상력, 그리고 창조적인 두뇌활동을 도와줄 것이다.

이것이야말로 당신을 결정짓는 것이다. 당신은 누구인가? A 기업의 과장인가? 그렇다면 10년 전 A 기업의 과장도 당신일까? 10년 후는? 당신은 누구인가? 당신은 어떤 상상력을 가지고 있는가? 경험과 생각에서 툭 튀어나온 아주 멋진 아이디어가 당신을 결정짓는다. 당신이 지금껏 써온 글은 당신을 판단하는 데 아주 많은 도움이 될 것이다. "나는 상상력이 매우 뛰어나요!"라고 5,000번 말하는 것보다 매우 흥미로운 공상과학소설 5페이지가 당신의 상상력을 좌우한다는 사실에 동의하지 않을 수는 없을 것이다.

블로그 글쓰기는 당신을 결정지을지도 모를 가능성을 가지고 있다. 당신에게 감추어진, 그러니까 학교, 직장, 가정, 사회에서 억압받고 억눌려 있던 당신의 가능성을 펼칠 매우 좋은 캔버스라는 의미다.

의무적 글쓰기에서 벗어난다면 당신은 지금 당장이라도 좋은 글을 토해낼 수 있을지 모른다. 사실 누구라도 다른 사람들에게 '좋은 글이다'라는 인상을 줄 만한 글을 쓸 수 있다. SNS에서 가끔 보이는 초등학생이 쓴 일기 같은 걸 보면, 그 친구들의 다섯 줄짜리 일기가 책 한 권에 달하는 메시지를 전달하는 경우도 있다.

그렇다면 블로거들이 의무적인 글쓰기를 하는 이유는 무엇일까? 그놈의 빌어먹을 의무 아닌 '의무'는 도대체 어디에서 탄생한 것일까?

1일 1포스팅 법칙의 늪

일반적으로 우리가 글쓰기를 배울 때엔 많은 제약사항을 가진 상태라 할 수 있다. 예를 들면 '사과'라는 단어를 배우기 위해 '사과'를 100번 써야 한다든지 선생님이 방학 숙제로 내어 준 30페이지 분량의 일기를 써야 하는 것처럼 말이다. 우리들은 이렇게 글쓰기를 배운다.

덕분에 사람들은 어떤 규칙이나 미션이 주어진 상태에서만 글쓰기를 할 수 있다고 생각한다. 가령, 부모님이 있어야 아이가 있을 수 있는 것과 같다. 부모님이 아예 없었던 아이는 결코 존재할 수 없다. 따라서 글쓰기에도 어떤 인과의 법칙이 있어야만 수긍한다. 당장의 이득이나 불이익이 있지 않다면, 사람들은 글을 쓰지 않는다. 아니 쓰지 못하는 것에 가깝다.

블로그 세계에서 풍문으로 떠돌아다니는(그리고 실제로 많은 데이터 분석이 이루어지기도 했던) '1일 1포스팅의 법칙'이라는 게 있다. 유용한 정보다. 그러나 이 법칙이 정말 많은 블로거에게 글 쓰는 즐거움을 빼앗고, 그놈의 빌어먹을 의무를 부과했다는 사실을 아는 사람은 많지 않고, 그것을 이야기하는 사람도 거의 없다. 사실 1일 1포스팅의 법칙의 그림자에는 '가능하다면 하는 게 좋다'의 전제가 깔려있다. 마치 '이왕이면 돈이 많으면 좋다', '이왕이면 오래 살면 좋다' 처럼 '이왕이면'을 가정한 법칙이다. 이왕이라면 당연히 1일 1포스팅을 하면 좋다. 쓸 주제가 충분하다면 말이다. 이것은 두말하면 입 아픈 너무나도 당연한 이야기다. 아닌 게 아니라, 가능하다면 1일 10포스팅은? 1일 1,000포스팅은?

특정 포털의 검색 시스템에 글을 맞춘다고 할 때, 당신이 쓸 수 있는 글은 '독자를 위한, 그리고 자기 자신을 위한' 글이 아니라, 단순히 '검색 로봇을 위한' 글이 된다. 감정도 없는 기계나 소프트웨어를 만족시키기 위해 글을 쓴다고 상상해보라.

현시점에서 일반 독자들이 블로그로 접속할 수 있는 경로는 엄청나게 많다. SNS 페이스북과 트위터에서는 검색 상위 1위 글보다는 검색 결과 10페이지 이후에 있지만, 정말 훌륭한 글이 항상 공유되고 사람들의 입에 오르락내리락한다. 계속해서 공유되고 전파된다. 소통의 통로가 된다. 글쓴이의 피땀 어린 포스트가 포털이라는 커튼에 가려진 장막을 걷어내고 독자들과 이야기할 수 있는 채널이 된다. SNS뿐만 아니라 블로그로 접속할 수 있는 여러 경로가 있다. 오늘날의 사람들은 검색 포털에 전적으로 의존하지 않는다. 검색포털보다 더 정확하고 실시간성을 가지며 좋은 정보를 얻을 수 있는 많은 루트가 있다. 요즘 사람들은 원하는 글, 좋은 글, 감동적인 글, 재미있는 글, 로맨틱한 스토리, 공유할 가치가 있어 보이는 글을 어떤 방식으로든 찾아낸다.

블로거는 시시포스

　결국 우리가 써야 하는 글은 10일 동안 1,000명이 읽는 글이 아니라 하루에 1명씩 읽더라도 10년 동안 꾸준히 읽힐 수 있는 글이어야만 한다. 그래야만 '의무'에서 벗어날 수 있지 않겠는가? 10일 동안 1,000명이 당신의 글을 읽는다 한들 당신이 얻을 수 있는 건 고작 해봐야 방문자 수 카운터와 약간의 광고 수입과 금방 식어버릴 허황된 잠깐의 인기뿐이다. 당신은 이 인기를 유지하기 위해 계속해서 1,000명이 읽을만한 글을 찾아내고 써야 한다. 그전과 비슷하거나 그전처럼 많은 인기를 얻을 수 있는 아이템을 밤새도록 찾아 나서야 한다. 정말 오랜만에 가족들과 단란한 외식을 하며 오손도손 이야기를 나누기보다는 카메라를 들이대고 메뉴판을 샅샅이 조사해야 한다. 이것이 진짜 블로그를 하는 이유가 될 수 있을까? 블로그에서 '의무'는 당신의 일상생활 자체를 갉아먹는 바이러스가 될 수도 있다. 매번 강조하는 말이지만, 우리 일상에서 블로그보다 훨씬 더 중요한 일들이 많고 그런 일들이 블로그보다 우선시 되어야 한다. 예를 들어 가족과 오붓한 식사에서는 블로그용 사진 촬영보다는 진솔한 대화 한 마디가 더 소중하다. 필자는 예전에 이렇게 유연하게 생각하지 못했기 때문에 후회하는 일들을 많으며 그동안 값비싼 수업료를 내야 했다. 여러분들은 이런 후회를 경험하지 않길 바란다.

　쓸데없는 인기, 조금 높은 방문자 카운터, 약간의 광고 수입 등… 이런 것들로 우리가 위대한 것을 얻을 수 있을까? 어쩌면 가능할지도 모르지만, 확률은 낮다. 하루에 한 번씩 의무적으로 글을 써야 한다면 그들은 블로거가 아니라, 계속해서 산꼭대기에 바위를 밀어 올려야 하는 시시포스가 된다.

　의무적인 글쓰기에서 벗어나면 진정으로 자기 내면의 목소리를 찾을 수 있다. 그리고 그것을 블로그에 쓸 수 있다. 그러면 글쓰기의 재미를 느끼고 글쓰기로 얻을 수 있는 다양한 이익들의 참맛을 알게 된다. 여러분은 당연히 좋은 글을 쓰고 싶을 것이다. 이건 누구나 느끼는 감정이다. 그러면 계속 글쓰기를 훈련하고 연마해야 한다. 블로그와 글쓰기가 만나면 평소에는 전혀 상상하지 못했던 많은 기회가 여러분을 찾아간다. 우리가 진정으로 지켜내야 하는 것은 바로 이런 기회들이지, 잠깐의 인기나 방문자 수, 글 개수가 아니다.

당신의 블로그는 당신 것인가?

　〈메인 스트리트〉, 〈피의 선언〉, 〈베델의 결혼〉, 〈서쪽의 폭풍〉 등 주옥같은 명저를 남겼으며 미국 최초로 노벨 문학상을 받은 싱클레어 루이스는 대학교에서 글쓰기에 관해 강연을 해달라는 초청을 받고 술에 취한 상태로 갔다. 연단에 오른 그는 학생들에게 소리쳤다.
　"작가가 되고 싶은 학생들은 손을 드시오!"
　물론 모두가 손을 들었다.
　"그럼 어서 집에 가서 글을 쓸 일이지 왜 여기들 있나?"
　그는 비틀거리며 밖으로 나갔다. 강연은 이렇게 끝났다.

이 책을 읽고 있는 사람이라면, 당연히 블로그에 좋은 글을 쓰고 싶은 사람일 것이다. 그렇다면 당장 좋은 글을 쓰는 훈련을 하고 계속해서 자기 자신과 대면하며 진짜로 하고 싶은 말을 찾아내는 작업을 할 일이지, 1일 1포스팅이 어떻고 방문자 수가 어떻고를 따질 때가 아니다. 앞에서 대부분의 사람들이 좋은 글을 쓰고 싶어 한다고 했다. 그런데 정작 블로그에 올라오는 글 중 별로 쓸모없어 보이고 투박하며 어딘지 모르게 이상한 글을 쓰는 원인은 무엇일까? 이 모두가 그놈의 빌어먹을 '의무'에서부터 시작된 것이다. 의무적인 글쓰기는 내용의 부실을 초래한다.

일주일에 3번도 좋고 2번도 좋고 1번도 좋다. 스케줄은 본인이 마음껏 선택하자. 대신 꾸준히 해야 한다. 이 말은 절대로 블로그에서 완전하게 손을 떼지 말라는 것이다. 이웃들과 소통하던 그대로 진행하라. 하지만 스케줄은 자신이 선택하라.

당신은 지금 두 눈으로 이 글을 읽고 있다. 당신의 두 눈이 정말로 당신 것일까? 여기에 그것을 테스트해 볼 수 있는 실험이 있다.
지금 읽고 있는 책을 덮은 뒤 눈을 감고 3초를 센 후 다시 떠보라.
어떤가?

당신의 두 눈은 당신 마음대로 할 수 있다. 즉, 당신 것이다.
당신의 블로그는 당신 것인가? 아니면 다른 사람 것인가?

1. 블로그에 의무적으로 글을 쓰기 시작하면 글쓰기가 힘들어진다.
2. 내용이 부실한 글들의 원인은 억지로 글을 쓰기 때문이다.
3. 의무적인 글쓰기 환경은 일상에서 얼마든지 만날 수 있다. 블로그에서는 자유로운 글쓰기가 가능해야 한다.
4. 1일 1포스팅은 유용한 법칙이지만, 법칙에 집착하면 훌륭한 콘텐츠를 만들 수 없다.
5. 자신에게 위대한 결과를 가져다주는 건 훌륭한 콘텐츠이지 포스팅 개수가 아니다.

파워풀한 글을 쓰는 방법

 글쓰기는 온몸의 에너지를 사용해야 하는 작업이다. 특히나 두뇌를 많이 써야 하고 당신의 생각과 느낌, 시각, 청각, 촉각, 후각, 미각에서 느껴지는 다양한 정보들을 취합해서 녹여내야 한다. 글쓰기는 그만큼 힘든 작업이며 고된 노동이다. 그러나 거기에서 느껴지는 쾌락과 희열은 남다르다. 사람들이 어려워하기에 더욱 가치 있는 일이기도 하다. 당신이 짧은 글이든 긴 글이든 직접 글을 써본 경험이 있다면, 그것이 얼마나 소중하고 사랑스러운지 알 수 있을 것이다. 만일 자신의 이름으로 나온 책이 있거나 e-book 혹은 애플리케이션화 된 전자책이나 플랫폼을 막론하고 당신의 글이 다른 곳으로 퍼져나가는 것을 지켜본 적이 있다면, 글쓰기의 위력이 얼마나 대단한지도 알 수 있다. 파워풀한 글은 많은 이들에게 영향을 준다.

 글쓰기는 재미가 있으며 노력의 성과가 다양하게 나타나는 아주 고전적이면서도 매력적인 작업이다. 이런 이유로 사람들은 글쓰기에 도전하지만 그만큼 많이 포기한다. 오늘날 우리의 신경을 까다롭게 하고 골치 아프게 만드는 문제들이 도처에 널려있기 때문이다. 하지만 우리는 파워풀한 글을 쓸 자격이 있다. 그리고 쓸 수 있다.

여기에 파워풀한 글을 쓰는 첫 번째 방법이 있다. 당신이 만약 파워풀한 글을 써서 블로그에 공개할 생각이 있다면 앞으로는 조금은 집중할만한 시간을 자신에게 투자할 필요가 있다. 글은 시간과 직접적인 연관 관계가 있다. 헐레벌떡이는 사람이 좋은 글을 쓰는 경우는 거의 없다. 마음이 조급하면 글이 제대로 나오지 않는다. 여유로운 사람만이 파워풀한 글을 쓸 수 있다. 바꾸어 말하면 파워풀한 글을 쓰기 위해서는 시간적인, 그리고 심적인 여유를 찾아야 한다는 것이다. 여기에서 여유란 일반적으로 생각하는 일주일짜리 휴가라든지 24시간의 휴식을 뜻하지 않는다. 단 수 십 분 혹은 1시간에서 2시간 정도의 여유를 뜻한다. 작지만 소중한 존재. 바로 여유시간이다. 하지만 이 여유시간을 아무렇게나 허비해버린다면 결코 파워풀한 글을 쓸 수 없다. 이 여유시간에 해야 할 일은 자신이 쓰고자 하는 어떤 주제에 대해 자료를 찾고, 조사하고 어떤 스토리로 이어나갈지 고민하고, 어떤 단어를 취사선택할 것인지, 또 어떤 주제를 어떻게 배치할 것인지 등이다. 즉, 글을 쓸 주제에 대해 한 차원 깊은 단계에 생각이 닿아야 한다. 단순한 생각으로는 당연히 단순한 글밖에 쓸 수 없다. 사람들이 생각하지 못했던 글을 써서 인정받으려면, 남들과는 다르게 생각하고 더 깊게 고민해야 한다.

파워풀한 글을 쓰는 두 번째 방법은 당신이 정말 믿는 것에 관해 쓰는 것이다. 필자는 '블로그로 인생을 바꿀 수 있다고 생각하고, 그러한 전략을 알고 있으며, 그것을 글로 써서 블로그에서 공유하겠다'는 믿음을 갖고 있다. 그렇다면 해당 주제에 대한 글은 자연스럽게 강력해진다. 왜냐하면 내가 전적으로 믿고 있는 주제이기 때문이다. 만약 '태양은 서쪽에서 뜬다' 라는 주제를 가지고 글을 쓴다면 아무도 감동하게 할 수 없을 것이다. 그것을 믿지 않기 때문이다.

　유감스럽게도 현재 많은 사람이 자신이 별로 믿지도 않고 관심도 없는 어떤 주제에 대해 글을 쓰고 있다. 가령, 바이올린 전공자가 단지 인기가 있고 방문자 수, 그러니까 트래픽 유발효과가 높다는 이유만으로 연예 가십거리나 TV 예능 프로그램 분석하는 글을 쓰는 식이다. 전혀 관심도 없으면서 말이다. 이러한 글이 파워풀하지 않게 느껴지는 이유는 그 분야에 대해 자세히 알지 못하고, 해당 분야에 대한 경험이 충분하지 않아서 결과적으로는 다른 글들의 짜깁기 밖에 되지 않기 때문이다. 자신의 관심 분야에 대해 글을 써야 한다. 그래야 원하는 걸 얻을 수 있다.

　절대적으로 지조를 지켜야 한다. 적어도 글쓰기에서만큼은 말이다. 단지 인기 있다는 이유만으로 인기 있는 키워드를 붙잡고 해당 주제에 대해 쓸모없는 글을 써서 당신이 얻을 수 있는 건 거의 없다. 고작 해봐야 자기 혼자만 만족할 수 있는 방문자 그래프뿐이다. 이것은 거품이다. 거품을 유지하기 위해서는 계속해서 거품을 만들어내야 한다. 즉 계속해서 인기 있는 키워드를 찾고 실시간 검색어를 뒤적거리려야 하며, 스스로 쓰고 싶고 관심 있는 주제를 선택해서 그 분야에 전문가가 되고 권위자가 되기보다 술 한 번 사 먹으면 사라져버릴 광고비와 언젠가는 끝날 연극인 단타성 방문자 수 폭탄을 기대해야 한다. 필자는 이런 사례를 지금껏 많이 봐왔다.

　당신은 당신의 글을 써야 한다. 이것이 파워풀한 글을 쓰는 세 번째 방법이다. 자신의 글을 쓰라. 남의 글을 참고는 할 수 있어도 가지고 오지는 말라. 최고의 자리에 군림하는 예술가는 자신의 것을 창조하는 사람이다. 자신의 글을 써야 한다. 자신만의 논리 구조, 자신만의 필력과 스타일, 자신만의 필체 등은 글을 쓰면서 얼마든지 개발할 수 있다. 중요한 것은 당신이 아니면 어디에서도 볼 수 없는 글을 쓰는 것이다.

필자는 책이나 연재 칼럼 등을 작성할 때 남의 글을 참고하지 않는 편이다. 그저 가만히 앉아서 생각을 글로 풀어내기만 한다. 이렇게 하는 이유는 자신의 글을 쓰고 싶기 때문이기도 하지만, 이런 글이야말로 파워풀하다는 사실을 매우 잘 알고 있기 때문이기도 하다. 자료를 참고하는 것은 나쁜 방법이 아니다. 오히려 권장되는 방법이다. 특히나 실용적인 성격의 글을 쓸 때에는 자료를 참고한다면 큰 도움이 될 수 있다. 하지만 자신의 글을 쓰는 데에는 오히려 방해가 될 수도 있다는 점을 명심해야한다. 자칫 잘못하다가는 남들의 글을 그저 베껴 쓰는 것이 될 수도 있다. 쉽게 말해서 자기 생각과 글은 매우 자유로워야 하지만 남들의 글을 읽어버리는 순간 혹은 자료를 참고해버리는 순간 칸막이가 쳐지면서 그 안에 뇌세포가 갇힌다. 그래서 필자는 지속해서 생각해오던 어떤 주제를 한순간에 미친 듯이 토해내는 스타일을 선호한다. 자료 참고 없이 그저 모니터에 있는 흰 배경과 커서 그리고 나만의 관계에서 놀기를 좋아한다. 하지만 개인마다 생김새가 다른 것처럼 글을 쓰는 스타일과 방법은 다를 수 있다. 본인에게 편하고 쉬운 방법이 가장 최선일 것이다. 다른 사람의 글 스타일을 따라 하는 것을 조심하면 된다.

파워풀한 글은 글쓴이와 독자 모두에게 유익하다. 독자는 글쓴이가 해당 분야의 전문가 또는 권위자이길 바란다. 아무리 블로그 글이지만 흐지부지하고 딱 봐도 5분 만에 작성한 티가 나는 글이라면 그 누구의 눈길도 받을 수 없다. 우리는 지금 다른 사람들에게 공개할 목적으로 블로그에 글을 쓰고 있다. 목표가 무엇이든 그것은 차후 문제다. 책을 출판할 목적이든 돈을 벌기 위한 목적이든 마케팅이나 홍보가 목적이든 목적은 무엇이어도 좋다. 파워풀한 글만이 그 목표를 달성하게 해준다.

> 1. 자신감 넘치는 파워풀한 글을 써야 한다.
> 2. 자신이 정말로 믿고 있는 것에 대해 쓰는 게 파워풀한 글쓰기의 지름길이다.
> 3. 자신이 쓰는 블로그 글에서만큼은 글쓴이가 전문가다.
> 4. 전문가의 글은 파워풀하다.

PART 04
블로그 글쓰기 유형별 전략

첫인상으로 사로잡는
블로그 포스팅 방법

　블로그라는 이름은 WEB+LOG의 합성어로 WEB에서 B를 따오고 뒤에 LOG를 붙여 만들어졌다. WEB은 쉽게 이야기해서 인터넷이며, LOG는 기록이라는 의미가 있다. 따라서 블로그는 '인터넷에 기록하는' 플랫폼이며 태생적으로 일기처럼 '후기'를 작성하도록 만들어져있다. 우리들이 블로그에서 가장 흔하게 만나는 게시물이 바로 '후기'다. 맛집 후기, 제품 사용 후기, 여행기 등 블로그 게시물 대부분이 후기다. 블로그는 후기를 쓰기에 가장 적합한 플랫폼인 까닭에 사전 홍보에는 적합하지 않다는 단점도 존재한다. 예를 들어 일주일 뒤에 열릴 축제가 있다고 할 때, 기존에 기록해두었던 자료들(사진 등)이 없다면, 블로그에서 마케팅하는 건 쉽지 않으며 거의 불가능하다. 우리가 블로그에 글을 쓰는 건 대체로 일기 형식의 후기다. 일기는 매우 주관적이라는 특성이 있고, 블로그에서 독자들이 기대하는 것 역시 주관적인 내용이다. 예를 들어 '맛있다 VS 맛없다'란 내용은 대단히 주관적이며 사람마다 다르게 느낄 수 있다. 매운 음식을 좋아하는 사람도 있고 싫어하는 사람도 있기 때문이다. 하지만 우리는 이 주관적인 사항이 궁금한 나머지 블로그에 접속하게 된다.

블로그
글을 읽는 시간

우리가 알다시피, 블로그를 방문하는 대부분의 사람은 하나의 글을 끝까지 읽지 않는다. 보통은 대충 훑어보거나 특정 부분만 읽어보고는 창을 닫아버린다. 접속하자마자 창을 꺼버리는 경우도 있다. ==결국 매력적인 블로그란 뜻은 누군가가 블로그에 접속했을 때, 그 사람을 얼마나 붙잡아둘 수 있는지에 따라 달렸다고 해도 과언이 아니다.== 블로그를 할 때 자주 언급되는 SEO(검색엔진 최적화)에는 페이지 유지 시간이라는 데이터 항목이 존재한다. 즉, 어떤 사람이 내 블로그에 접속해서 빠져나갈 때까지의 시간이 중요하다는 뜻이다.

여러분은 누군가를 처음 만날 때 첫인상이 중요하다는 사실을 알고 있을 것이다. 블로그 글에서도 첫인상은 매우 중요하다. 실제로 독자들이 해당 블로그에 접속하자마자 그 글을 읽을지 말지 결정하는 데에는 2~3초밖에 걸리지 않는다. 안타깝게도 대부분의 방문자는 여러분이 쓴 글의 마지막까지 스크롤을 내리지 않는다. PART 2에서 이야기한 것처럼 블로그뿐만 아니라 모든 콘텐츠 플랫폼에서는 시간을 뺏는 사람이 승자다. 독자의 관심을 끌고, 클릭을 유도하고, 그들의 시간을 뺏으려면 첫 화면에서부터 눈길을 사로잡아야만 한다. 글 아래쪽에 중요한 정보를 배치한다거나 기승전결 구조를 따르게 되면, 마케팅 노력은 낭비되며 원하는 결과를 얻기가 힘들어진다.

첫 화면으로
눈길 사로잡기

사람들이 처음 보는 화면이 첫 화면이므로 모든 포스트에서 첫인상은 대단히 중요하다. 여기에서 이야기하는 첫 화면은 프롤로그(네이버 블로그 기준)가 아니라 각각의 글에 대한 첫 화면 이다. 즉, 검색 결과를 통해 접속했을 때, 제목이 보이고 본문이 시작되는 첫 번째 화면을 말한다.

이때 독자가 하는 행동은 해당 글을 읽을지 말지 결정하는 것이다. 주어진 시간은 많아야 2~3초이며, 첫 화면이 마음에 든다고 할지라도 글을 처음부터 끝까지 읽는다는 보장은 어디에도 없다. 단지 바로 창을 끄지 않고 조금 더 스크롤을 내릴 뿐이다.

대부분의 독자는 블로그에 접속했을 때 처음부터 순서대로 읽지 않는다. 실제로는 접속하자마자 해당 글을 대략 훑어본다. 스크롤이 굉장히 빠른 속도로 내려간다는 뜻이다. 대략 훑어볼 때 해당 글에서 충분한 정보를 얻을 수 있다고 판단되면, 처음부터 혹은 원하는 부분부터 읽기 시작한다. 그렇지 않을 경우, 해당 창을 닫고 블로그에서 빠져나간다. 이 행동을 원하는 결과를 얻을 때까지 반복한다. 우리가 주목해야 할 부분은 바로 대략 훑어볼 때다. 이때 강력한 인상을 주어야 하는 까닭에 소제목 활용, 글머리 기호 활용, 그리고 적절한 이미지와 동영상 등 멀티미디어의 활용이 필요하다.

▲ 블로그에 접속했을 때 보이는 첫 화면(PC버전)

모바일 화면에서의 첫 인상

블로그에 관심이 있는 사람이라면, 요즘 블로그는 PC보다 모바일 기기에서 훨씬 높은 비율로 접속한다는 사실을 알고 있을 것이다. 과거에 블로그는 컴퓨터로 주로 접속했고 컴퓨터에서 정보를 찾았다. 스마트폰이 보편화된 요즘에는 대부분의 사람이 스마트폰 환경에서 블로그에 접속한다. 따라서 첫인상을 고려할 때에는 PC 화면뿐만 아니라 모바일 화면에서도 잘 보이는지 체크해야 한다. 오히려 PC 화면은 일단은 무시하고, 모바일 화면에서 우선 잘 보이게끔 디자인하는 것도 전략이 될 수 있다. 이런 방식을 모바일 퍼스트(Mobile First)라고 부른다.

▲ 블로그에 접속했을 때 보이는 첫 화면(모바일 버전)

모바일 화면에서는 PC 화면보다 상대적으로 표현할 수 있는 데이터들이 더 적다. 따라서 제목과 이미지, 소제목 등 첫 화면의 구성을 더욱더 알차게 꾸며야 한다. 필자가 권장하는 가장 좋은 첫인상 디자인은 글의 제목과 이미지, 본문 글이 함께 보이는 스타일이며 대부분의 블로그 글이 이런 식으로 디자인되고 있다. 보기에 깔끔하면서도 원하는 정보를 전달할 수 있다는 인상을 줄 수 있다. 위 사진처럼 만약 사진을 정사각형으로 작업한다면, 첫 화면에서 본문 글이 나타나지 않을 수 있다. 이때에는 첫인상 디자인을 위해 사진 아래에 제목 형태의 글을 하나 더 추가해서 사진 → 제목 → 본문 순서로 보이게끔 만들 수 있다.

▲ 사진 아래에 제목이 추가된 화면(모바일 버전)

　　사진 아래에 있는 제목 성격의 글은 실제 블로그 글 제목과 똑같아도 되며 달라도 무방하다. 가능하면 좀 더 유연한 전달을 위해 실제 포스트 제목과는 조금 다르게 쓰는 것도 하나의 전략이 될 수 있다.

독자가 자신의 블로그에 접속하도록 만들 땐 포스트의 제목이 가장 중요하다. 더불어 일단 독자가 블로그에 접속한 뒤에는 블로그의 첫인상이 중요해진다. 어떤 디자인을 선택할지는 사용자의 선택이다. 본문 내용과 글 내용, 사진들의 배치, 블로그 글 하단의 지도 삽입, 해시태그 활용 모두 필요하지만, 이런 부분들보다 훨씬 중요한 것이 블로그 포스트의 첫 시작 부분이다.

> ● ● ●
>
> 1. 대부분의 독자는 블로그를 처음부터 천천히 읽지 않는다.
> 2. 독자들은 블로그에 접속했을 때, 블로그 글을 대략 훑어본다.
> 3. 내 글을 독자에게 어필할 수 있는 시간은 길지 않다.
> 4. 독자의 시간을 뺏으려면 블로그 포스트에서 강력한 인상을 남겨야 한다.

블로그에 최적화된
포스팅 구성

　앞서 살펴본 바와 같이, 블로그를 방문하는 방문자를 위해 가독성을 향상하는 작업은 블로거에게 필수적으로 요구된다. 사용자가 쉽게 읽을 수 있도록 도움을 주는 작업은 실제로 더 많은 방문자와 더 오랜 시간 페이지에 머물도록 유도할 수 있으므로 블로거에게도 이득이다. 더불어 실제로 게시물을 읽는데에도 도움이 된다. 블로그 글은 책이나 신문 기사와는 다르다. 따라서 적절한 방법을 활용해 블로그에 최적화된 포스트를 구성해야한다.

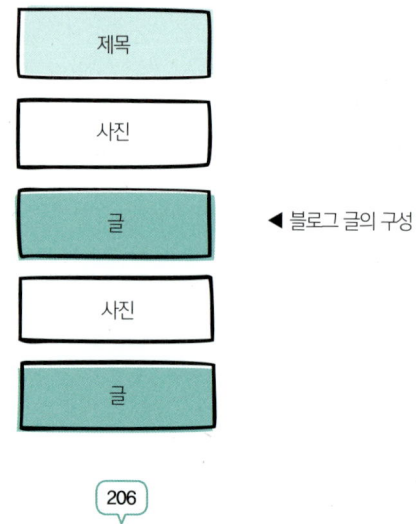

◀ 블로그 글의 구성

블로그 글은 제목으로부터 시작한다. 상단에 있을수록, 그리고 좌측에 있을수록 더 중요한 위치를 차지한다. 블로그에서는 제목이 가장 중요하다는 사실을 기억해두자. 또한, 제목이 끝난 부분부터는 사진 → 글 → 사진 → 글 순으로 포스트가 구성된다. 본문의 시작을 사진으로 시작할 수도 있고 글로 시작할 수도 있다. 글로 시작할 경우의 순서는 글 → 사진 → 글 → 사진 순으로 구성하면 된다. 일반적으로 사진 아래에서 사진의 설명을 적는다. 예를 들어 사진 1번에 대한 설명은 사진 1번 아래에 적는 식이다. 위에 적게 되면 사진보다 글을 먼저 보게 되므로 전체적인 맥락을 이해하기 어렵고 스크롤을 내렸다가 올렸다가를 해야 해서 사용자 경험이 좋지 않다.

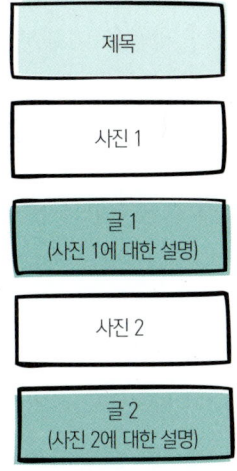

책과는 다르게 블로그에는 페이지 구분이 없으므로 전체의 포스트가 하나의 페이지처럼 여겨진다. 따라서 대부분의 포스트가 사진과 글을 조합으로 이뤄진다. 사진 하나를 보여주고 그 사진에 대한 설명을 글로 풀어쓴다. 이 작업을 계속 반복한다.

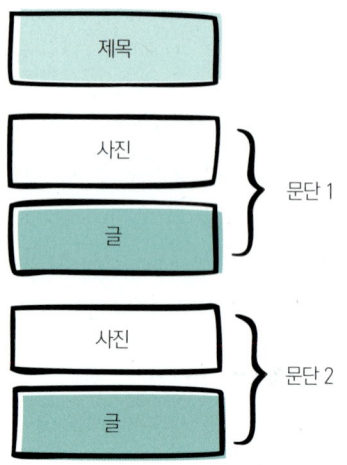

　블로그에 글을 쓸 땐 문단의 개념을 이해하면 도움이 된다. 사진과 글이 한 묶음이라고 볼 때, 해당 묶음은 하나의 문단이 된다. 이 문단들을 여러 개 엮으면 한 편의 포스트가 완성되는 식이다. 결국 작은 단위인 해당 문단을 어떤 식으로 구성하느냐에 따라 블로그 글 전체의 스타일이 달라진다.

　블로거가 결정해야 하는 부분은 문단에서 글을 얼마나 보여줄지다. 추천되는 사항은 한 문단에 사진 1개 + 글 2~3줄 정도의 조합이다. 때에 따라서, 그러니까 세부적으로 자세한 설명이 필요할 경우에는 4줄 정도까지 쓸 수 있다. 하나의 문단에서 글이 너무 길어지게 되면, 전체적으로 포스트가 지루해지는 느낌을 줄 수 있다. 글이 너무 없으면, 검색에 불리하고 정보를 효과적으로 전달하기에도 어려워진다.

텍스트 정렬하기

필자는 글자의 정렬(왼쪽 정렬, 가운데 정렬 등)은 크게 신경 쓰지 않아도 된다고 보는 입장이다. 하지만 오른쪽 정렬은 사용하는 일은 드물다. 대체로 왼쪽 정렬 또는 가운데 정렬(혹은 양쪽 정렬)을 쓴다.

예천 소백산 하늘자락공원 전망대 여행

아름다운 풍경과 전망을 간직한 예천 소백산 하늘자락공원, 그리고 전망대. 이 곳은 비교적 최근에 개장한 곳으로 아직은 많은 여행객에게 알려져있지 않아서 현재 기준으로는 아주 조용하고 간직한 분위기를 즐길 수 있는 곳이다.

글을 길게 적는 스타일이라면 가운데 정렬보다는 왼쪽 정렬이 보기에 좋고 좀 더 프로페셔널한 느낌을 전달할 수 있다. 필자가 주력으로 운영하는 블로그 남시언닷컴(namsieon.com)에서도 오래도록 왼쪽 정렬 방식으로 포스팅을 하고 있다.

▲ 가운데 정렬로 글을 쓴 포스트

  글을 간략하게 쓰면서 엔터키를 통해 아래쪽으로 내려가면서 쓰는 걸 선호하는 스타일이라면, 가운데 정렬이 좀 더 어울릴 것이다. 어떤 정렬을 활용할지는 자신이 쓰는 글의 타입에 맞게 결정하면 된다. 중요한 것은 모든 포스트를 통일감 있게 구성하는 것이다. 만약 왼쪽 정렬을 선호한다면 계속 왼쪽 정렬로 써야 한다. 가운데 정렬도 마찬가지다. 가운데 정렬 글의 경우 대체로 문장이 완성되지 않은 채 끝나기 때문에 굳이 따지자면 비문 형태의 문장이 많아진다. 따라서 마침표를 빼고 글을 쓰는 게 좀 더 블로그에 잘 어울리는 스타일이다. 왼쪽 정렬일 때에는 마침표를 쓰고 문장을 완성하는 게 보기에 좋다.

독자들이 바라는 것

블로그라는 플랫폼 자체가 훌륭한 품질의 정보를 짧은 시간 안에 제공하거나 받을 수 있도록 설계되어 있다. 여기에서 독자들이 바라는 건 크지 않다. 그들은 단순히 어떤 내용이 궁금해서 블로그에 검색을 했을 뿐이다. 그들은 짧은 시간 안에 원하는 정보를 얻기만을 원한다. 가벼운 궁금증을 해소하기 위해 수십 개의 문단을 꼼꼼하게 살펴야 한다면, 블로그에는 다소 어울리지 않는다. 우리는 독자들이 가능하면 짧은 시간 안에 원하는 정보를 얻어갈 수 있게끔 유도하고, 나중에 다시 방문하거나 즐겨찾기에 추가하거나 구독할 수 있도록 적절한 장치를 설계해야 한다. 이런 장치 설계를 위해 당장 시도해볼 만한 두 가지의 방법이 있다.

소제목 활용하기

블로그에서 소제목 활용은 대단히 중요한 포인트임에도 불구하고 많은 블로거들이 간과하는 부분이기도 하다. 부제목이라고 부르기도 하고 소제목이라고 부르기도 하는데, 여기에서는 소제목이라고 쓴다. 소제목을 활용하면, 대략 포스팅을 훑어보는 독자들에게 적절한 정보를 빠르게 제공할 수 있다. 그러니까 '여기에서 당신이 원하는 정보가 있어요! 대략 이런 것들이에요. 한 번 읽어 보시겠어요?'라고 제안하는 것과도 비슷하다.

> **목표는 숫자로 명확하게 설정한다**
>
> 목표를 두루뭉실하고 추상적으로 세우게 되면 그것을 구체적으로 달성할 수 없게된다. 목표는 반드시 구체적이어야한다. 숫자는 명확한 표현이다. 그래서 대부분의 목표는 숫자 형태로 나타낸다. '돈 많이벌기' 보다는 'OOO으로 2,000만원 벌기'처럼 목표를 숫자화해서 세워야한다.
> '영상 편집용 컴퓨터 구매'로 하지말고 '2월 25일까지 300만원 수익을 올린 다음 250만원짜리 영상 편집용 컴퓨터 구매'로 잡아야한다. 목표는 반드시 직관적이고 구체적이어야한다.
>
> **중요한 몇 가지에 집중한다**
>
> 욕심을 부려 너무 많은 목표를 세우게 되면 목표에 압도된다. 달성할 수 없는 불가능한 목표라면 더 이상 의미가 없게된다. 달성 가능하면서도 조금은 모험적인, 도전정신을 발휘하고 창의력이 있을 때 달성한 수치가 가장 알맞다. 목표를 세울 때에도 선택과 집중이 필요하다. 시간이 한정되어 있으므로 모든 걸 다 쟁취할 수는 없을 것이다. 어떤걸 포기해야하는 상황도 있다. 무엇을 취하고 무엇을 포기할 것인가?

▲ 소제목이 추가된 블로그 본문

    소제목을 쓰려면 글을 평소보다는 길게 적어야 할 필요가 있다. 사진 설명과 마찬가지로 하나의 소제목에는 2~4줄 정도의 글이 적당하다. 소제목을 추가하면 전체적으로 가독성이 훌륭해 보이는 효과가 난다. 전체적인 문단을 짧게 유지하면, 소제목을 분리할 수 있으므로 유리하다. 소제목은 블로그 주제를 구상할 때도 도움이 된다. 가령, '내가 가습기를 사용하지 않는 이유'라는 제목보다는 '내가 가습기를 사용하지 않는 5가지 이유'가 좀 더 클릭하고 싶어지는 글의 제목이다. 제목에 숫자를 넣으려면 여기에 맞는 글을 구성해야 하는데, 이럴 때 소제목을 활용할 수 있다. 당연하겠지만, 제목이 '5가지 이유'라면 소제목을 5개로 분리해서 각 소제목에 맞는 글과 사진을 배치하면 된다.

글머리 기호 사용하기

글머리 기호 역시 블로그에서 본문을 깔끔하게 유지하고 정보를 일목요연하게 제공하는 데 도움이 된다. 다양한 정보를 한눈에 알아볼 수 있도록 제공하고 싶을 때 특히 유용하다.

강의 개요
- 강의주제 : 유튜브 동영상 콘텐츠를 활용한 교수법
- 강의형태 : 특강
- 강의일시 : 2020년 11월 21일(토)
- 강의대상 : KAIST 과학영재교육연구원 KSA 창의융합교원

강의 내용
- 1인미디어의 특징과 동영상 콘텐츠의 기본 구조 살펴보기
- 유튜브 동영상을 통한 교수 방법론
- 동영상 교육을 해야하는 이유와 동기부여 모티베이션
- 동영상 제작 기법과 촬영 기법 소개
- 교육용 콘텐츠 제작 노하우
- 캐즘 이론과 관련 마케팅 이론 안내
- 간단한 영상 편집 실습(스마트폰 앱 활용)

▲ 글머리 기호를 활용한 블로그 본문

글머리 기호는 블로그의 내용 전체를 요약해서 보여줄 수 있어서 깊은 인상을 남길 수 있다. 글머리 기호를 활용할 때 소제목을 함께 활용하면 더욱 좋다. 흩어진 정보들을 요약해서 보여준다는 특성이 있으므로 블로거들에게 적극적으로 권장하는 기법이다.

글머리 기호를 사용한다고 하더라도 블로그 글 전체를 요약할 필요는 없다. 그러니까 요약본도 제공하고 상세 설명도 함께 제공할 수 있다는

의미다. 글의 초반 부에 요약을 제공해서 해당 글이 어떤 내용인지 빠르게 설명하고 관심 있는 독자에겐 스크롤을 내려서 상세한 내용을 살펴보도록 유도하기만 하면 된다.

▲ 여행기에서 소제목과 글머리 기호 활용

여행기나 맛집 후기 등 평범한 글에서도 소제목과 글머리 기호 조합은 얼마든지 활용할 수 있다. 후기에서는 아래쪽에 배치하는 게 일반적이지만, 필요하다면 글 상단에 배치해서 중요도를 높일 수도 있다. 독자에게 이 글을 읽을 가치가 있다는 걸 알려주려면 상단에 배치하는 게 좀 더 유리하다. 상단과 하단에 약간씩 다른 스타일로 요약본을 제공할 수도 있다. 처음에는 요약하는 게 어려울 수 있지만, 글머리 기호와 소제목 활용이 익숙해지면 속도는 빨라지며 포스트의 전체적인 디자인을 훌륭하게 개선할 수 있으므로 반드시 사용해보길 바란다.

1. 블로그 글의 가독성을 향상하는 작업은 필수다.
2. 글과 사진을 적절하게 조합해야 한다.
3. 글과 사진의 한 묶음이 한 문단이 되며 한 문단에는 보통 2~4줄 정도의 글이 들어간다.
4. 정렬 방식은 자신이 글을 쓰는 스타일에 따라 적절하게 선택한다.
5. 소제목을 적극적으로 활용해본다.
6. 글머리 기호는 정보를 제공하는 블로거들에게 특히 유용하며 요약본을 제공하기 때문에 독자에게도 유익한 방식이다.
7. 소제목과 글머리 기호 모두 블로그에 글을 쓰는 에디터에 해당 기능이 있으며 마크다운에서도 활용할 수 있다.

블로그에서
사진 활용 전략

　블로거는 사진작가라기 보다는 글을 쓰는 작가에 가깝다. 블로그에서 사진과 글 중 하나만을 선택하라고 하면, 글을 선택하는 게 언제나 옳다. 글은 검색이 가능하고, 제목도 쓸 수 있는 데다 정보를 효과적으로 전달할 수 있는 까닭이다. 따라서 사진만을 올리는 블로그는 매우 드물며 그런 블로그가 있다고 하더라도 검색에 노출될 가능성이 매우 낮으므로 찾기가 몹시 어렵다. 하지만 이런 고민은 사실 필요가 없다. 글과 사진, 심지어 동영상이나 소스 코드까지 원한다면 얼마든지 멀티미디어를 활용할 수 있기 때문이다.

　글을 쓰는 작가에게 글이 중요하다는 건 당연한 이야기다. 작가들은 글로 독자를 설득하고 유혹하며 원하는 결과로 이끈다. 작가의 역할은 이걸로 충분하다. 그런데도 블로그에서 사진 활용 전략이 필요한 이유는 무엇일까? 사실 블로그에서는 글만으로는 충분하지 않다. 앞서 설명한 대로 독자들은 원하는 정보를 빠르게 얻는 걸 최우선으로 둔다. 그들은 좀 더 쉽고, 좀 더 재미있게, 좀 더 빨리 원하는 걸 얻길 원한다. 그들은 세부적인 사항까지 읽고 자세히 공부하면서 이해하는 방식을 선호하지 않는다. 그들의 요구는 단순하며 단지 원하는 걸 빠르게 얻고 싶을 뿐이다. 블로그에 방문하는 독자들에게 참을성을 요구하는 건, 실패하는 전략이 될 가능성이 높다. 그들은 마치 어린아이처럼 참을성이 많지 않다. (이런 사실에 기반하면, 이 책을 여기까지 읽은 여러분은 정말 대단하다!)

이미지가 중요하다고 해서 글이 중요하지 않다는 건 아니다. 이미지로만 구성된 블로그 포스트는 거의 없거나 매우 드물다. 블로그에서 글만큼 이미지도 중요성이 있다는 뉘앙스로 이해해야 한다. 이미지는 어떤 내용을 빠르게 이해하는 데 도움을 주며 문단을 분리하는 역할도 겸하고 있다. 때로는 10줄의 글보다 1장짜리 사진이 더 큰 의미를 전달하기도 한다. 글보다 사진은 시각적으로 자극되며 직관적이다.

블로그에서 이미지 활용하기

이미지는 문단을 분리해주는 역할도 있으므로 적절하게 배치해야 한다. 사진을 먼저 차례로 나열하고 글을 차례로 쓰는 건 잘못된 방법이라기보다는 효과적인 방법이 아닌 쪽이라고 할 수 있겠다. 언제나 사진과 글이 조합된 쪽이 보기에도 좋고 내용을 이해하는데도 유리하다.

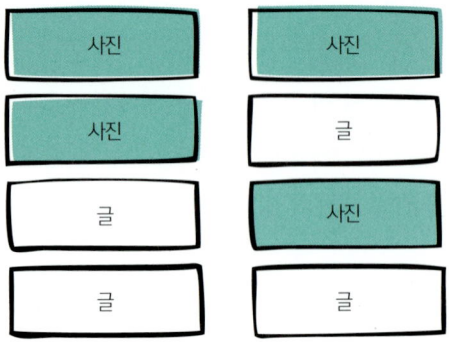

　위 그림에서 왼쪽은 사진과 글을 차례로 나열한 것이고 오른쪽은 사진과 글을 섞어서 배치하여 문단으로 묶은 스타일이다. 왼쪽 구성의 경우 불가피하게 글이 길어지며 포스팅이 지루하다는 인상을 주게 된다. 독자들은 참을성이 많지 않으므로 이런 블로그 글을 만나면 사진만 대충 훑어보고 넘어간다. 대체로 오른쪽에 있는 스타일이 권장되며 대부분의 블로거가 이런 식으로 글을 쓴다. 오른쪽처럼 이미지를 배치하는 방식이 블로그에서는 교과서적이며 정석인 방법이다. 독자들은 이미 이런 스타일에 익숙해져 있다. 블로그 포스트를 불필요하게 어색하도록 만들 필요는 없을 것이다.

> 안동 가일마을은 풍천면 가곡리에 있는 고즈넉한 마을이다. 이곳에 수곡고택과 권태응가옥, 남천고택 등 몇 채의 고택이 있다. 취재차 가일마을에 방문했다가 아주 멋진 풍경을 자랑하는 저수지를 발견했다. 나는 가곡리 가일마을에 이렇게 예쁘고 편안한 풍경의 저수지가 있다는 사실을 처음 알아서 크게 놀랐다. 가일마을의 경우에는 경북도청에서 차량으로 조금만 이동하면 갈 수 있는 곳인데 입구는 좁고 마을은 꽤 넓은편이라서 여기도 약간 '비밀의 마을'느낌이 난다. 아무래도 나무들과 어우러지는 풍경이 일품인 가곡저수지는 겨울보다는 늦은 봄이나 가을께 가장 예쁜 모습을 가진 곳일터다.

똑같은 내용을 설명하는 두 개의 샘플을 살펴보자. 우선 앞 그림처럼 된 글을 책이나 신문이 아닌 블로그에서 만나고 싶은 사람은 없다고 봐야 한다. 글이 긴 건 둘째치고 읽기에 부담스러우며 내용 자체도 매우 어렵게 느껴진다. 이런 글을 만났을 때 독자들이 하는 일은, 해당 창을 닫아버리고 또 다른 블로그 검색 결과로 넘어가는 것이다. 정말 유니크한 내용이 아니라면, 이런 글을 억지로 읽어낼 사람은 거의 없다.

위 그림은 똑같은 내용을 블로그라는 플랫폼에 맞게 사진과 함께 적절하게 섞은 결과물이다. 이렇게 하면 가독성도 뛰어나고 문단 구분도 확실해지며 읽기에도 수월해진다. 글 내용과 관계없이 적어도 그렇게는 느껴진다. 세로로 스크롤이 늘어나겠지만, 하나의 문단에서는 글이 짧고 간략해지며 임팩트가 생긴다. 여기에 더해 사진 퀄리티가 훌륭하다면, 더 큰 효과를 볼 수 있다. 오늘날 블로거들은 사진과 글 양쪽 모두에서 콘텐츠 크리에이티브가 가능해야 한다.

눈치 빠른 독자라면, 하나의 블로그 글에 여러 개의 사진이 필요하다는 걸 이미 알고 있을 것이다. 블로그에 사용할 사진은 생각보다 많이 필요하다. 정해진 수량은 없지만, 평균적으로 1개의 포스트 당 10개 이상의 사진이 들어간다. 새로운 에디터 기준에서는 바둑판 배열을 손쉽게 설정할 수 있으므로 사진 개수는 많아도 관계가 없다. 인터넷이 느린 해외에서라면 이미지를 최적화해야 한다. 호스팅 용량을 절약하고 불필요하게 큰 사진의 용량으로 인해 이미지가 느리게 로딩되는 현상을 방지하기 위해서 사이즈를 정확하게 맞추고 용량을 줄여야 한다. 국내에서는 인터넷 속도가 충분히 빠르기 때문에 이런 부분들은 크게 신경 쓸 필요는 없다.

필요한 만큼의 사진을 활용하려면 사진을 많이, 다양하게 찍는 훈련을 할 필요가 있다. 최근에는 스마트폰의 카메라 성능이 매우 훌륭하기 때문에 옛날처럼 비싸고 무거운 DSLR이나 미러리스보다도 스마트폰 하나만으로도 블로그용 사진을 촬영하는 데에는 아무런 불편함이 없는 시대다.

블로그용 무료 이미지를 구하는 방법

블로그에 쓸 사진이 필요할 때, 가장 좋은 방법은 자신이 직접 촬영한 사진만을 이용하는 것이다. 대부분의 블로거들이 직접 촬영한 사진을 가지고 포스트를 작성한다. 하지만, 때에 따라서 필요한 사진들을 모두 직접 촬영할 수는 없다. 반드시 필요한 사진이 있는데, 그 사진을 지금 당장 촬영할 수 없다면 어떻게 해야 할까? 혹은 직접 촬영한 사진이 아니라 전문가가 찍은 매력적인 이미지가 필요한 경우도 왕왕 생긴다. 이럴 때에는 다른 사람이 촬영해둔 이미지를 사용해야 한다. 다행스럽게도 블로그에 쓸 수 있는 저작권에서 자유로운 무료 이미지들이 많이 나와 있다.

 필자가 추천하는 블로그용 무료 이미지를 구하는 사이트는 두 곳이다. 첫 번째는 국내 블로거들에게도 유명한 픽사베이(Pixabay)다. 엄청나게 많은 사진을 무료로 이용할 수 있으며 한국어 메뉴도 지원하기 때문에 초보자분들이 사용하기에 좋다. 다양한 카테고리의 훌륭한 사진들을 갖춘 사이트다. 검색창에 필요한 검색어를 입력하여 원하는 사진을 찾는 것도 가능하다. 한국어로 검색할 수도 있지만, 해외 사이트인 만큼 영어로 검색하면 더 많은 검색 결과를 볼 수 있다. 필자도 픽사베이에 종종 직접 촬영한 사진을 무료로 공개하고 있다.(픽사베이에서 user:namsieon 검색)

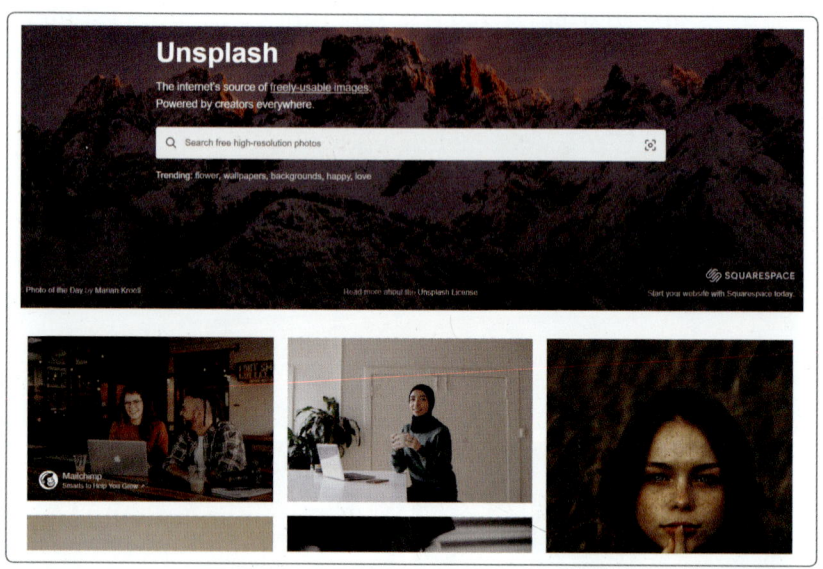

두 번째로 추천하는 사이트는 언스플래시닷컴(unsplash)이다. 픽사베이와는 다소 다른 분위기의 사진들을 갖춘 사이트다. 주로 인물 사진이나 시네마틱한 분위기의 사진들을 볼 수 있다. 멋진 풍경 사진을 구할 수도 있으며 전문 포토그래퍼가 촬영한 제품 사진 등도 확인할 수 있다. 영어로 검색해야 한다.

사람 사진을 적극 활용하기

촬영자 입장에서 볼 때, 사람은 매우 독특한 피사체다. 얼굴과 분위기가 모두 같지 않으며 옷을 갈아입거나 스타일을 바꾸는 것으로 얼마든지 다른 피사체처럼 꾸밀 수 있다. 우리는 오래도록 다른 사람과 소통하며 살았다. 인터넷으로 소통하는 건 비교적 최근의 일이며 그보다 훨씬 긴 세월 동안 우리는 얼굴을 마주보며 대화하고 소통하면서 살아왔다. 인간이라면 누구나 자연스럽게 얼굴을 보는 것에 이끌리기 마련이다. 따라서 다른 사람의 이목을 집중시킬만한 사진을 찾는다면, 사람이 있는 사진을 골라야 한다. 본인이 직접 출연한다면 최고의 선택이다.

블로그에 얼굴을 공개한다는 것 자체가 부끄럽고 거부감이 드는 일이라고 생각할 수 있다. 이런 생각은 전혀 이상한 게 아니다. 하지만 원하는 결과를 빠르게 얻고 싶은 사람이라면 자신의 얼굴을 당당하게 공개하는 방법도 고려해봐야 한다.

두 개의 사진 샘플을 살펴보자. 왼쪽 이미지는 훌륭한 설경 사진이며 오른쪽은 겨울 분위기의 인물 사진이다. 왼쪽 이미지도 아주 매력적인 사진이지만, 인물이 등장하는 사진 쪽이 좀 더 시선을 사로잡고 클릭하고 싶은 사진이라고 볼 수 있다. 여러분이 정말 전문 포토그래퍼처럼 사진을 촬영할 수 있다면 모르겠지만, 그렇지 않은 일반적인 상황에서는 어지간히 잘 찍은 사진보다 평범하지만, 사람이 등장하는 사진이 더욱 현실감을 준다. 사람이 등장하는 사진은 대체로 직관적이며 더 많이 집중하게 만들 수 있다. 인물 사진이 더 많은 클릭을 유도한다는 건 두말하면 입 아플 만큼 당연한 이야기다.

사람은 사람을 신뢰한다. 우리가 만드는 콘텐츠에 사람 얼굴이 들어간 사진을 활용하는 건 매우 훌륭한 전략이다. 블로그 포스트에 본인 얼굴 사진이 있다는 것 자체가 신뢰성을 상징한다. 사람이 등장하는 사진을 활용하는 방법은 거의 모든 면에서 좋은 선택이다. 이때 인물 사진은 반드시 게시물과 관련이 있어야 한다. 아무런 관계도 없는 사진을 사용하는 건 좋지 않은 선택이다.

위 샘플 사진에서는 뒷모습의 사진도 훌륭하지만, 얼굴이 나온 사진, 특히 눈 쪽으로 시선이 집중된다는 걸 알 수 있다. 필자는 가능하다면 눈이 보이는 얼굴 위주의 사진이 좋다는 입장이지만, 얼굴 사진이 부담스럽다면, 적어도 뒷모습이라도 나와야 한다. 모든 사진에 사람이 등장할 필요는 없지만, 특정 이미지에서는 인물이 현실감을 전달해줄 필요가 있다.

1. 블로그에서 이미지 활용은 글만큼이나 중요하다.
2. 글과 사진이 혼합된 문단으로 구성하는 게 정석이다.
3. 되도록 직접 촬영한 사진 위주로 사용하되 필요할 경우 저작권에서 자유로운 무료 이미지도 활용할 수 있다.
4. 콘텐츠에서 인물은 매우 효과적이다. 블로그에서도 마찬가지로 인물 사진이 그렇지 않은 사진보다 더 많은 독자를 유혹할 수 있다. 본인이 출연할 수 있다면 베스트다.

블로그용
사진 비율 최적화

블로그에 무작정 사진을 올리기보다는 사진의 비율별로 달라지는 디자인을 살펴보고 자신이 원하는 디자인으로 나오게끔 미리 설정해둔다면 도움이 된다. 일반적으로 블로그에서의 이미지는 세로보다는 가로 비율을 많이 사용한다. 오래전부터 운영되어왔던 블로그인 데다 대부분의 PC 모니터들이 와이드 형태의 가로로 넓게 펼쳐져 있었기 때문에 블로그에서는 가로 사진이 대세로 자리 잡았다. 그러나 최근에는 스마트폰의 보편화로 인해 모바일에서 블로그에 접속하는 경우가 대다수이므로 세로 사진을 써도 될 것 같지만, 디자인을 보면 또 그렇지도 않다.

요즘 블로그 에디팅 환경에서는 사진의 비율만 맞으면 에디터에서 자동으로 최적화된 크기로 맞춰주기 때문에 사용자가 신경 쓸 일은 거의 없다. 사진이 너무 작지만 않다면, 사진이 깨지는 일은 요즘에는 드물다. 어지간한 스마트폰과 카메라에서의 사진 해상도는 충분하다 못해 넘치는 수준이다. 이제 글쓴이가 신경 써야 할 건 사진 비율 정도다. 대표적인 가로 모드 이미지에서 쓸 수 있는 비율은 크게 3가지다.

3:2 비율

3:2 비율 사진은 과거 35mm 필름에 뿌리를 두고 있다. 과거에 필름 카메라로 촬영한 사진들이 대체로 3:2 비율이었다.

▲ 3:2 비율 사진

3:2 비율은 보기에 적당하고 너무 넓거나 너무 길쭉한 느낌을 주지 않는 무난한 비율이다. 3:2 비율은 여전히 인쇄 콘텐츠에서 널리 사용되고 있다.

4:3 비율

4:3 비율은 전형적인 직사각형 모양이다. 보통의 TV 화면이나 컴퓨터 모니터, 디지털카메라 등에 사용되는 비율이며 대단히 많이 사용되는 비율이기도 하다.

▲ 4:3 비율 사진

    3:2 사진을 4:3 비율로 변경하면 가로 폭이 조금 좁아진다. 즉, 4:3 비율 사진은 3:2 사진보다 조금 길쭉하게 보이는 경향이 있으며 가로는 조금 좁게 보인다.

16:9 비율

    풍경 사진이나 파워포인트 프레젠테이션 슬라이드, 컴퓨터 모니터와 와이드 스크린을 가진 TV 등에서 볼 수 있는 전형적인 가로 이미지의 비율이다. 대표적으로 유튜브 동영상이 16:9 비율을 갖고 있다. 4:3 비율보다 가로로 길쭉하게 보인다. 즉, 가로가 더 넓게 보인다.

▲ 16:9 비율 사진

　3:2 비율의 사진을 16:9로 변경하면 가로는 그대로 유지되며 세로가 줄어들어 결과적으로 가로로 더 넓게 보이는 효과를 낸다. 예전에 PC에서 블로그를 많이 사용할 때 자주 사용하던 비율이었으며 여전히 많이 사용되는 비율이기도 하다.

▲ 왼쪽부터 16:9, 3:2, 4:3 비율 사진

그럼 실제 블로그에 업로드 했을 때의 디자인은 어떨까? 이미지를 살펴보면, 16:9 비율은 가로로 넓어 보이며 세로는 다소 좁게 보인다. 3:2 비율은 무난하게 보이며 4:3 비율은 3:2 비율보다 세로로 조금 길쭉하게 보이는 현상이 나타나는 걸 알 수 있다. 세로로 길다는 뜻은 똑같은 위치에서 글을 더 적게 표시한다는 의미다. 4:3 비율의 이미지는 정사각형(1:1 비율) 이미지는 아니지만, 정사각형과 거의 비슷하게 보인다.

사진을 보조 역할로 활용하고 글을 강조하고 싶다면 16:9 비율이 알맞을 것이다. 반대로 사진 퀄리티에 자신이 있다면 3:2 비율이나 4:3 비율을 선택하면 된다. 해당 비율 조정은 촬영하는 기기(카메라 또는 스마트폰)에서 설정할 수 있다. 필자가 추천하는 비율은 3:2 또는 4:3이다. 어떤 주제에서도 무난하게 쓸 수 있는 비율이다.

썸네일 이미지는
정사각형으로

썸네일 이미지, 그러니까 네이버 블로그 기준으로 '대표 사진'이라고 부르는 이미지는 정사각형으로 제작하는 게 좋다. 비율은 1:1이다.

▲ 모바일에서 검색했을 때의 화면

썸네일 이미지를 정사각형으로 만들어야 하는 이유는 단순하면서도 명료하다. 모바일 화면에서 검색했을 때 보이는 썸네일 이미지가 정사각형으로 보이도록 설계되어 있기 때문이다. 과거에는 PC 화면에서도 정사각형으로 표시되었지만, 근래에는 조금 더 넓은 사이즈로 바뀌었다. 그렇다고 하더라도 모바일 유입이 압도적으로 많은 상황에서는 컴퓨터 화면에서의 검색 결과보다 모바일에서의 검색 결과에 잘 보이도록 만드는 게 유리하다. 요즘에는 스마트폰에서도 얼마든지 편하게 사진 편집을 할 수 있는 데다가 블로그 글쓰기 에디터에서도 변경이 가능하므로, 썸네일 이미지는 정사각형으로 별도로 제작하여 등록해두면, 오래도록 해당 블로그 글을 쓸 수 있다.

본문에 동영상을 추가하기

만약 검색 결과에서 썸네일이 한 장이 아니라 일렬로 나열되어 있다면 어떨까?

▲ 블로그 글의 네이버 검색 결과 화면

특정 게시물의 경우, 위 그림처럼 사진들이 일렬로 나열된 형태로 표시된다. (2021년 1월 기준) 썸네일이 한 장만 보이는 것보다 시선을 끄는 디자인을 보여주게끔 설계가 되어있다. 사진이 넓게 배치되어 있으므로 다른 블로그 글보다 더 많은 화면에서 공간을 차지할 수 있다는 의미가 된다. 이 공간을 차지할 수 있다는 점은 대단히 중요한 포인트다. 마치 땅따먹기 게임이라고 생각하면 된다. 좁아터진 화면의 검색 결과에서 자신의 땅을 얼마나 차지할 수 있느냐가 향후 블로그의 성패를 가른다. 검색 결과에 떴을 때 사진이 많으면 당연히 클릭할 확률이 높아진다. 해당 검색 결과는 대체로 동영상이 포함되어 있다는 점과 상위 노출되어 있다는 점이 공통점이지만, 명확하게 어떻게 해야 가로 배열로 노출되는지는 알려지지 않았다. 해당 검색 결과 디자인은 나중에 바뀔 수도 있지만, 본문에 영상을 추가하는 방법은 좋은 습관이다. 동영상 탭에서도 블로그 글이 검색될 수 있는 까닭이다. 그렇다면 이제 블로거는 글쓰기, 사진 활용, 영상 촬영이라는 3가지 조건을 달성해야 한다.

꼭 블로그 검색 결과 때문이 아니라고 할지라도 동영상을 촬영하는 건 요즘 트렌드에도 잘 어울린다. 무엇보다 영상에서는 소리(오디오)를 전달할 수 있으므로 그동안 글과 사진으로만 소통하던 블로그의 한계를 뛰어넘을 수 있는 콘텐츠로 주목받고 있다. 여러분들이 음악을 좋아하는 이유와 똑같은 이유로 오디오는 가치 있는 콘텐츠다. 유튜브 영상처럼 각 잡고 촬영한 뒤 고급스럽게 편집해야 하는 리뷰 영상이 아니라 자연스러우면서도 간단한 블로그용 리뷰 영상을 추가해보는 건 어떨까?

---

1. 블로그의 사진 비율도 최적화하여 사용할 수 있다.
2. 16:9, 3:2, 4:3 비율들을 살펴보고 자신의 주제에 잘 맞는 비율로 설정한다.
3. 블로그용 썸네일 이미지는 정사각형으로 디자인해야 한다.
4. 블로그 본문에 동영상을 추가하여 검색 결과에서 더 많은 공간을 차지할 수 있도록 할 수 있다.

블로그 글쓰기 TIP
리뷰

블로그는 일기를 적는 곳이다. 글쓴이가 주관적으로 느낀 경험을 토대로 작성되는 특성상 후기 성격의 글이 많다. 따라서 블로그 글 중 대부분이 후기이며 곧 리뷰가 된다. 우리가 블로그에 쓰는 글의 성격이 대부분 리뷰다. 필자도 오래전부터 리뷰를 써왔고 현재도 쓰고 있다. 리뷰는 관심 있는 독자에게 여러 가지 도움을 준다. 여러분이 물건을 구매할 때 다른 사람의 리뷰를 찾아보는 건 좋은 습관이다. 상품 페이지의 리뷰란을 참고할 수도 있겠지만, 조금 더 자세하게 알아보고 싶다면 역시 블로그다.

리뷰의 대상이 되는 주제는 다양하다. 유모차 사용기나 최신형 스마트폰의 디자인에 대해 리뷰할 수도 있으며 화장품을 리뷰해보거나 베스트셀러 책을 읽고 서평을 남기듯 리뷰할 수도 있다. 새로 오픈한 맛집을 탐방해보는 것도 리뷰에 해당한다. 무언가를 리뷰해보는 건 재미있는 일이다. 리뷰는 전형적인 블로그 글이라고 할 수 있지만, 만만하게 볼만한 타입은 아니다. 리뷰를 꾸준하게 작성한다면, 여러분은 해당 분야를 더 깊이 알게 되고 전문적인 이론과 경험을 쌓게 될 것이다. 실제로 상품을 협찬받거나 광고를 의뢰받을 수도 있다. 여러분이 가볍게 쓴 리뷰 글이 제품 판매에 도움이 되지 않을 것이라고 생각하는가? 절대 그렇지 않다. 마케팅 업계에서 블로그 마케팅은 여전히 중요하다. 블로그에 리뷰 글을 쓸 때 참고할만한 몇 가지 팁을 살펴보자.

시간을 투자하기

리뷰 글은 사실 시간이 꽤 많이 필요한 작업이다. 제품을 사용해보고 테스트해봐야 하는 까닭이다. 더불어 블로거는 사진도 촬영해야 하고, 필요하다면 영상도 찍어야 한다! 또 리뷰 글을 쓸 때에도 집중력과 시간을 투자해야 한다. 시간에 쫓기는 리뷰 글은 좋지 않은 결과가 나올 가능성이 높다. 따라서 제품을 사용해볼 만한 충분한 시간을 확보하자. 이리저리 살펴보고 다른 사람들이 발견하지 못했을 법한 무언가가 있는지도 찾아보자.

자신만의 목소리가 있는 리뷰 글쓰기

안타깝게도 정말 많은 블로거가 남들이 쓰는 내용을 그대로 쓴다. 처음에 그 글을 쓴 리뷰를 참고해서 아주 조금만 바꾼 형태다. 사람들이 블로그에서 무언가를 찾아보는 이유는 글쓴이만의 독특한 시선이 있기 때문이다. 여러분이 쓴 리뷰 글은 필자가 쓴 리뷰 글과는 다르다. 어느 것이 더 훌륭하다고 평가할 순 없다. 자신만의 시선이 있으므로 모두 중요하다. 이건 자연스러운 현상이며 좋은 결과다. 따라서 여러분의 블로그 리뷰 글은 여러분만의 목소리가 담겨 있어야 한다. 모두들 칭찬한다고 해서 반드시 나에게도 장점이 되란 법은 없다. 오히려 나에게는 그 부분이 단점이 될 수도 있는 것이다. 예를 들어 최신형 스마트폰의 훌륭한 카메라 기능은 사진을 많이 찍는 사용자에겐 장점이겠지만, 전화와 문자만 하는 사용자에겐 불필요한 가격 상승 요인이 되어 단점으로 작용한다. 결국 리뷰를 쓸 땐 다른 사람의 리뷰를 그대로 답습하기보다는 자신만의 개성을 담아 리뷰하는 게 좋다. 자신만의 목소리를 낼 수 있다면, 장기적으로 봤을 땐 더욱 이득이다. 추후 여러분에게 비용을 지불할 기업들은 독특한 시선의 리뷰어를 항상 찾고 있다.

장단점을 함께 리뷰하기

리뷰는 기업 내부에서만 공유되는 보고서가 아니다. 리뷰는 언제나 독자들에게 보여줄 때 빛난다. 리뷰 글은 궁극적으로 예비 소비자에게 영향을 주어야 하는 콘텐츠다. 사람들은 '내돈내산' 리뷰에서만 단점을 적을 수 있고, '협찬'이나 '광고' 글에서는 단점을 적는 게 어렵다고 생각하는 경향이 있다. 여러분이 만약 인기 있는 블로거라면, 장단점을 솔직하게 적는다고 해도 박수를 받을 것이다. 아직 인기 있는 블로거가 아니라면, 단점을 적을 때 고민이 될 수 있다.

세상에 완벽한 서비스나 제품은 없다. 장점이 있다면 반대로 단점도 있기 마련이다. 단점을 유연하게 표현하는 것도 실력이다. 브랜드 판매자 입장에서도 일반 소비자의 단점에 대한 의견을 청취할 필요가 있다. 그 단점을 개선한다면 더 좋은 제품을 만들 수 있다는 뜻이니까. 여러분의 리뷰에 단점이 나열되어 있다는 건 솔직하게 글을 썼다는 증거이며, 이 증거에 따르면 여러분이 작성한 장점 역시 신뢰 할 수 있다는 의미가 된다.

사람들이 칭찬하는 장점이 나에게는 장점이 아닐 수도 있다는 사실은 앞에서 설명했다. 단점도 똑같다. 다른 사람들이 언급하는 단점이 나에게는 아무렇지 않거나 오히려 장점일 수도 있는 것이다. 다시 말해서, 단점을 언급한다고 해서 그 제품이나 브랜드가 망하는 건 아니다. 단, 단점을 적을 땐 유연하고 우아하게 쓰도록 하자. 만약 어떤 단점으로 인해 도저히 사용해 볼 수 없다면, 리뷰를 정중하게 거절하거나 리뷰 자체를 쓰지 않는 방법도 고려해야 한다. 사람의 취향은 다양하므로 이런 방법이 잘못된 건 아니다. 해당 제품 외에도 우리가 리뷰할 것은 많다.

정직하게 리뷰하기

멀리 내다본다면 언제나 정직하게 리뷰하는 것이 옳은 선택이 된다. 블로그는 독자와 여러분을 만나게 해주는 연결고리이며 장기적으로는 독자가 블로그가 아닌 글쓴이의 팬이 되어야 한다. 그러려면 당연히 정직하게 리뷰하는 방법이 가장 좋다. 그렇다면 정직하게 리뷰한다는 건 도대체 어떤 리뷰일까? 필자가 생각하는 정직한 리뷰는 광고 글은 광고라고 표현하고 협찬받은 글은 협찬받았다고 공개하는 것이다. 과거에는 광고라고 하면 독자들은 치를 떨었고 거부반응을 보이기도 했지만, 최근에는 비교적 광고가 자연스러운 현상으로 인식되는 분위기다.

광고 리뷰라고 해서 무조건 칭찬하거나 단점을 슬쩍 감출 것이라는 예측은 낡은 사고방식이다. 기업에서 만드는 광고 그 자체라면 모르겠으나 요즘 리뷰에서는 그런 일이 거의 일어나지 않는다. 요즘 소비자들은 매우 똑똑하며 다양한 채널에서 제품 리뷰를 살펴보기 때문에 여러분이 단독으로 단점을 감춘다고 해서 감춰지지 않으며 그런 일은 아무런 효과도 없다. 글쓴이의 정직함은 소비자에게 올바른 소비를 유도할 수 있을 뿐만 아니라 글쓴이에게도 도움이 된다. 많은 독자들이 여러분의 글을 믿고 소비한다면, 앞으로는 더 많은 광고를 받게 되고, 나중에는 광고를 선택해서 받을 수 있게 된다. 요즘에는 대부분의 광고주가 정직하게 리뷰할 수 있도록 어느 정도 강제하는 편이지만, 만약 그렇지 않다면 여러분이 직접 밝힐 수 있어야 한다.

1. 리뷰 글쓰기는 블로그의 대표적인 콘텐츠다.
2. 리뷰를 잘 쓰기 위해서는 적절한 여유 시간이 필요하다.
3. 자신만의 목소리는 언제나 중요하다. 리뷰에서도 마찬가지.
4. 장점만을 나열한 글보다는 장단점을 함께 분석한 글이 추천된다.
5. 정직하게 리뷰하는 습관이 장기적으로 볼 때 이익이다.

블로그 글쓰기 TIP
현장 스케치

　이해를 돕기 위해 리뷰와 현장 스케치로 구분했지만, 블로그에서 두 종류의 차이는 크지 않다. 넓게 보면 현장 스케치 역시 '직접 다녀와서 쓰는 현장 리뷰'라고 볼 수 있다. 페스티벌이나 축제장을 다녀와서 쓰는 블로그 글은 현장 스케치인 동시에 리뷰가 된다. 우리가 블로그에서 흔히 만나는 여행지 관련 포스트도 현장 스케치이면서 동시에 리뷰다. 현장 스케치가 제품 리뷰와 다른 점이라면, 현장감이 살아있고 생생하게 전달해야 한다는 점 정도가 될 것이다.

충분한 자료를 확보하기

　제품 리뷰 포스트의 경우 필요하다면 얼마든지 추가로 촬영을 할 수 있다. 그러나 현장을 직접 다녀와서 쓰는 현장 스케치 글의 경우에는 촬영할 수 있는 시간과 공간이 제한적이다. 따라서 현장에 있을 때 충분한 자료를 확보해야 한다. 현장감을 전달할 수 있어야 하므로 다양한 각도에서 촬영한 사진 또는 동영상이 필요하다. 필자는 가능하면 최대한 많이 촬영하는 걸 추천한다. 자료는 부족한 쪽보다는 많은 쪽이 낫다. 촬영한 후 불필요한 사진은 사용하지 않으면 그만이지만, 사진이 부족할 땐 정보를 전달하는 게 어려워진다.

현장 스케치 기사에서는 현장의 사실 위주로 기록하지만, 블로그 글에서는 주관적인 느낌과 평가를 곁들여야 한다. 블로그 글에서는 '내가 가보니까 이렇더라'라는 주제가 주요 메시지다. 사람이 북적거리는 현장을 좋아하는 사람이 있는 반면, 조용하고 한적한 분위기를 좋아하는 사람도 있다. 현장에서 느낀 감정이 다른 사람과 다를 순 있어도 틀린 건 아니라는 의미다.

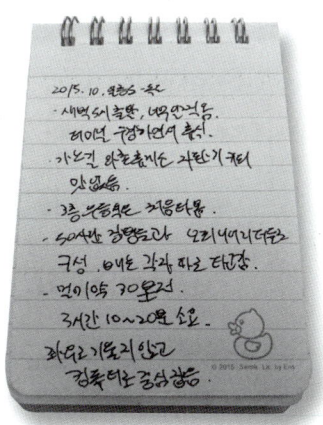

▲ 과거 필자가 울릉도-독도 현장 취재 갔을 때 메모했던 수첩

현장에서 느낀 감정들이나 느낌도 자료화해서 확보해두면 도움이 된다. 스마트폰 메모장을 활용하거나 작은 수첩을 들고 다니면 좋다. 필자는 현장을 나갈 때 펜과 작은 수첩을 항상 가지고 다니는 편이다. 이 수첩에는 사진이나 영상에 담을 수 없는 것들을 적는다. 가령, 누군가에게 뭔가를 물어보는 상황처럼 대화 내용이나 사진으로 기록하기 어려운 것들은 메모를 활용한다. 이런 메모들이 나중에 블로그 글을 쓸 때 정말 큰 도움이 된다.

현장감이 살아있을 때 글쓰기

현장을 직접 방문해서 탐방한 후 작성하는 현장 스케치 글의 특성상 현장의 감각이 살아있을 때 글을 쓰는 게 좋다. 적어도 초안이라도 쓰는 게 낫다. 현장에서 느꼈던 감각과 생각들은 시간이 지날수록 잊히기 마련이다. 기억은 희미해진다. 사진은 남아있다고 하더라도 블로그에서 중요한 주관적인 생각과 그때 당시의 감정들은 시간이 지날수록 사라진다.

더불어 블로그에서는 타이밍이라는 것도 중요하다. 예를 들어 벚꽃축제가 한창일 때 쓰는 벚꽃축제장 리뷰 글과 한여름에 쓰는 벚꽃축제장 리뷰 글은 완전히 다른 글이라도 봐도 좋을 만큼 집중도에서 차이가 난다. 타이밍이 중요한 현장 스케치 글인 만큼 현장을 다녀와서 바로 쓰는 게 가장 좋다.

사진이 중요하다

리뷰 글쓰기에서 사진의 중요성은 앞장에서 충분히 설명하였지만, 현장 스케치에서는 그 중요도가 더욱 강조된다. 현장 스케치 글을 보는 독자들은 대체로 예비 방문자이기 때문에 현장을 생생하게 전달하고 고급스럽게 표현하는 사진 위주로 콘텐츠를 소비하게 된다. 이때 독자의 시선을 끌 만한 사진을 제시할 수 있다면 콘텐츠 크리에이터로서 한 단계 성장할 수 있을 것이다.

▲ 내용은 같지만 사진이 다른 블로그 글

똑같은 장소를 소개하더라도 훌륭한 사진이 있는 블로그 글과 평범한 사진이 있는 블로그 글은 미적으로 차이가 크다. 위 그림에서 왼쪽은 아무렇게나 촬영한 사진, 오른쪽은 신경 써서 촬영한 사진을 적절하게 보정해서 블로그에 업로드 한 샘플이다. 둘 중 클릭해보고 싶고 다른 사람들에게 공유하고 싶은 글을 하나만 골라보자. (만약 사진에서 사람이 등장한다면, 마치 독자가 현장에 직접 방문한 듯한 상상을 유도할 수 있으므로 더욱더 훌륭한 콘텐츠가 된다!)

1. 현장 스케치도 현장을 다녀와서 쓰는 리뷰 글이므로 리뷰 글쓰기 TIP이 그대로 적용된다.
2. 현장 스케치 글은 현장감이 살아있을 때 글을 쓰는 편이 좋다.
3. 현장 스케치는 타이밍이 중요하다. 더 많은 방문자를 원한다면, 가능하면 다른 사람보다 빨리 포스팅해야 한다.
4. 사진과 동영상 등 자료를 충분히 확보해야 한다. 사진이나 영상으로 담을 수 없는 부분들은 메모를 활용한다.
5. 현장을 멋지게 보여줄 만한 사진 퀄리티가 중요하다. 똑같은 현장도 사진 퀄리티에 따라 다르게 보인다.

블로그 글쓰기 TIP
스토리텔링

블로거는 작가에 가까우며 작가는 기본적으로 이야기꾼이다. 이야기하는 걸 좋아한다는 뜻이다. 소심한 성격의 소유자도 블로그에서만큼은 뛰어난 이야기꾼이 될 수 있다. 말하는 걸 좋아하는 사람도 있지만, 대화보다는 생각을 잘 정리해서 글로 풀어 쓰는걸 선호하는 사람도 있다. 전화보다 문자로 소통하는 걸 편하게 느끼는 사람의 심리처럼 말이다. 말하는 것 보다 글로 소통하는 걸 좋아하는 사람에겐 블로그가 잘 맞는다.

PART 2에서 사람들은 스토리에 반한다고 설명하였다. 스토리는 사람들이 좋아하는 분야이며 오래도록 사랑받았던 주제다. 연구 결과에 따르면, 우리가 일상에서 나누는 대화의 65%가 스토리이며, 스토리텔링의 역사는 무려 40,000년이 넘는다고 한다. 우리의 뇌는 스토리텔링에 반응하도록 설계되어 있다. 스토리텔링은 오래전부터 현재까지 사람들을 설득하고 참여시키는 데 가장 효과적이라고 평가받는다. 설득력을 갖춘 블로그 글을 쓰려면, 본문에 적절한 스토리를 가미해야 한다.

블로그에서 스토리텔링이란?

스토리텔링(storytelling)이란 알리고자 하는 바를 단어, 이미지, 소리 등을 통해 사건, 이야기 형식으로 전달하는 방법이다. '스토리 + 텔링(telling)'의 합성어로서 말 그대로 '이야기하다'라는 의미를 지닌다. 블로그에서의 스토리텔링은 기본적으로 어느 정도 보편화되어 있는 이야기 전달 방식이다.

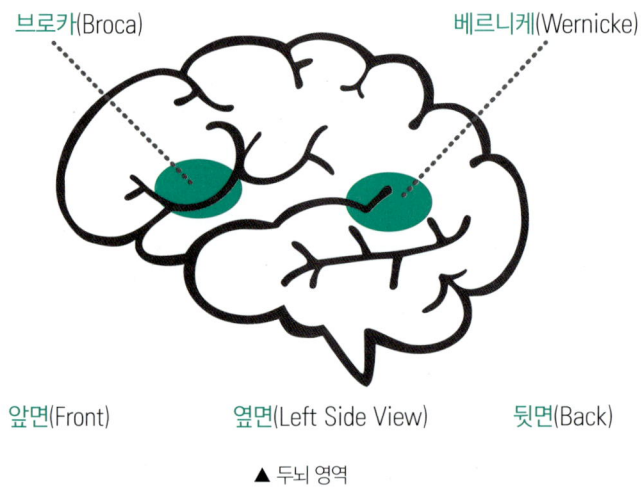

▲ 두뇌 영역

다음 문장을 살펴보자.

- 그녀의 목소리는 좋았다. (A)
- 그는 힘이 세다. (A)

똑같은 내용을 조금 더 고급스럽게 표현할 수 있다.

- 그녀의 목소리는 꾀꼬리 같았다. (B)
- 그는 강철 같은 힘을 가졌다. (B)

위 이야기(A)를 들으면 두뇌에서는 브로카 영역과 베르니케 영역이 활성화된다. 아래의 이야기(B)를 들으면 두뇌에서는 감각 피질이 활성화된다. 만약 어떤 제품을 판매하고 싶다면, 해당 제품의 스펙을 나열하는 것보다 해당 제품을 사용해본 사람들의 이야기를 노출하는게 더 효과적이다(수많은 인터넷 상품 상세페이지에서 고객들의 5점 만점 후기가 있는 이유를 생각해보자). 여러분이 인터넷에서 물건을 살 때 다른 사람의 리뷰를 반드시 참고한다는 사실을 기억하자. 결국 스토리텔링은 그 어떤 마케팅 전략보다도 잘 작동한다. 스토리텔링은 필연적으로 사람과 연관되어 있다. 단순히 통계와 수치를 제시하는 것보다 사용자의 이야기를 전달하는 게 효과적이다. 블로그에서는 자연스럽게 글쓴이의 이야기를 할 수 있도록 설계되어 있으므로 자연스러운 스토리텔링이 가능하다.

하고 싶은 이야기

스토리텔링 글쓰기를 하려면 우선 하고 싶은 이야기가 있어야 한다. 글을 처음 쓰는 사람들이 가장 어려워하는 게 바로 자기 생각을 정리해서 글로 풀어내는 스킬이다. 이것은 기술이며 배우고 익힐 수 있다. 여러분이 지금 고기를 굽는 법을 모른다고 할지라도 충분히 연습한다면, 맛있게 구워진 고기를 맛볼 수 있게 될 것이다. 마찬가지로 생각을 정리해서 글로 풀어쓰는 것도 익숙해지면 쉬워진다.

명심할 점은, 자신이 하고 싶은 이야기가 잘못되었다거나 틀린 게 아니라는 사실을 인식하는 것이다. 여러분은 자신이 하고 싶은 이야기가 아예 없거나 혹은 자신이 하고 싶은 이야기가 쓸모없다고 생각할 수 있지만, 그것은 사실이 아니다. 여러분의 이야기가 필요한 누군가에겐 큰 도움이 될 수도 있다는 사실을 기억하자.

하고 싶은 이야기를 할 때는 그것이 맞는지 틀렸는지에 대해 의문이 들 수 있다. 하지만 이야기에는 정답이 없으며 여러분이 느낀 진실 그대로를 기록하면 된다. 여러분이 이해한 진실이 남들과 다를 순 있어도 그것이 잘못되었다고 할 순 없다. 독자들이 블로그에서 기대하는 건 명확한 사실이 아니라 여러분이 느낀 주관적인 느낌이다. 자신만의 진실을 자신만의 목소리로 표현할 수 있어야 한다. 이 강력한 스토리텔링 도구를 방치하지 말자.

자연스러운 흐름 만들기

스토리텔링은 마치 소설이나 드라마처럼 자연스러운 흐름을 가져야 한다. 그래야만 독자를 몰입시킬 수 있으며 순서대로 읽을 수 있게끔 유도할 수 있다. 예를 들어서 여러분이 집을 장만하는 전체 과정을 스토리텔링 형식으로 쓰고자 한다면, 처음 시작은 왜 집을 장만하게 됐는지가 되어야 할 것이며 이후부터 순서대로 부동산 알아보기 → 대출 알아보기 → 집 구경하기 → 이사 과정 등으로 이어져야 한다. 각각의 글은 전체적으로 통일된 주제와 스토리에서 흘러가야 한다. 글이 길다면, 시리즈로 구성할 수 있다. 전문적으로 글을 쓰는 많은 블로거가 시리즈로 포스트를 작성한다. 만약 여러분이 30일간 유럽 여행을 다녀왔고, 그 내용을 자세하게 풀어쓰고 싶다면, 글 한 편으로는 부족할 것이다.

글 하나에 스토리 하나

블로그 시스템에서는 지면 제한이 없으므로 세로 스크롤을 엄청나게 길게 만드는 것도 가능하다. 그러니까 여러분은 엄청나게 많은 이야기를 글 하나에서 전달할 수도 있다. 하지만 대부분의 사람은 그렇게 하지 않는다. 엄청나게 긴 분량의 글은 읽기가 버겁고, 무거운 느낌을 전달할 뿐만 아니라 독자 입장에서 원하는 정보를 찾기가 어렵다. 글 하나에 하나의 스토리만을 이어가는 게 좋다. 글자 수 제한이 없다는 블로그의 장점보다 글 개수에 제한이 없다는 블로그의 장점이 더 크기 때문이다. 글 하나에 스토리 하나를 엮으면, 독자들이 공감하고 이해하기 쉬워지며 전체 맥락을 스토리로 이어갈 때 시리즈 형태로 묶을 수 있다.

> 1. 스토리텔링은 자신의 이야기를 설득력 있게 전달하는 강력한 도구다.
> 2. 자기 생각을 스토리로 풀어내는 방식은 경험이 필요하지만, 누구나 배우고 익힐 수 있는 기술이다.
> 3. 자신이 하고 싶은 이야기를 진솔하게 풀어내야 한다.
> 4. 자연스러운 흐름으로 스토리를 이어가면서 글 하나를 너무 길게 쓰지 말고 적절하게 분리한다. 분량이 길다면 시리즈로 구성한다.

블로그 글쓰기 TIP
인터뷰

　인터뷰 글은 블로그에서는 흔한 방식은 아니다. 대부분의 블로그 글이 인터뷰 글이 아니지만, 특별한 경우에 블로그에서도 인터뷰 형식의 글을 쓸 수 있다. 기존 리뷰 스타일과 인터뷰 글을 섞어서 사용하는 것도 하나의 전략이 될 수 있다. 흔한 방식은 아니지만, 최근에는 블로그에서도 다양한 인터뷰 글을 만날 수 있다. 인터뷰 글은 정보를 전달하는 색다른 방식이며 주로 대화체로 이루어져 있어서 마치 소설을 읽는 듯한 느낌을 주므로 재미 요소가 뛰어난 편이다.

▲ 네이버 연애·결혼 블로그

네이버에서 공식으로 운영하는 '네이버 연애·결혼' 블로그는 다른 커플들의 이야기를 인터뷰하고 재구성해서 포스팅하는 곳이다. 실제 글 내용은 주로 질문·답변으로 이루어져 있으며 적절하게 이미지를 활용한다. 이렇듯 어떤 정보를 전달할 때 반드시 리뷰 형식으로 전달해야 하는 것은 아니다. 인터뷰 형식도 주제에 맞는다면 훌륭한 콘텐츠가 될 수 있다.

인터뷰 글을 쓰려면 먼저 인터뷰를 진행해야 한다. 사전에 인터뷰 대상을 선정하고, 질문지를 준비하고 몇 가지 준비물도 필요하다. 인터뷰를 위해 필요한 준비물은 다음과 같다.

인터뷰를 위한 준비물

- 인터뷰 대상과의 시간 및 장소 약속
- 사전 질문지
- 녹음기

간단하게 따지면, 이렇게 준비하면 된다. 가장 중요한 건 인터뷰 대상과의 약속이며 절대 준수해야 하는 요소다. 다른 사람의 시간을 소중하게 생각하는 게 기본자세이므로 사전 질문지는 미리 작성하고 인터뷰 대상에게 전달해둔다. 이렇게 하면 인터뷰할 때 상대측에서도 답변을 미리 준비할 수 있다.

녹음기도 필요하다. 인터뷰는 주로 말로 이루어지기 때문에 말하는 모든 걸 다 메모할 수 없는 데다가 시간이 지나면 일부는 잊어버리게 된다. 따라서 사전에 양해를 구하고 인터뷰하는 내용을 모두 녹음해서 저장한 다음 나중에 글을 쓸 때 녹음본을 들어보면서 글을 쓰면 훨씬 매력적이면서도 정확한 글쓰기가 가능하다. 요즘에는 스마트폰에 있는 녹음 기능을 활용하면 따로 녹음기를 사지 않고도 녹취를 할 수 있다.

1. 블로그에서도 인터뷰 글은 효과적으로 정보를 전달하는 데 도움이 된다.
2. 인터뷰를 준비할 땐 사전에 준비해야 할 준비물이 있다.
3. 녹음기 혹은 스마트폰의 녹음 기능을 활용하면 쉽게 녹취 할 수 있다.
4. 인터뷰 글을 쓸 땐 녹음본을 들어보면서 정확하게 글을 써야 한다.

PART 05
블로그 세계에 퍼져있는 잘못된 소문들

블로그에 퍼져있는
잘못된 소문들의 원인

검색 포털은 광고로 돈을 버는 기업이다. 효과적인 광고를 집행하려면 가능한 많은 사용자가 해당 사이트를 이용해야 하고, 해당 포털에서 더 많은 시간을 보내야 한다. 인터넷 시작 페이지를 네이버로 설정한다면, 당연히 검색은 네이버에서 할 것이고 콘텐츠 소비도 네이버에서 하게 될 것이다. 시작 페이지가 네이버라면, 궁금한 게 있을 때 인터넷 브라우저를 실행한다. 검색창이 나오지만, 광고도 함께 보게 된다. 여러분들도 한 번 정도는 궁금한 게 있어서 검색 포털에 접속했다가 광고에 시선을 뺏겨 나중에는 무엇을 궁금해했는지조차 잊어버린 경험이 있을 것이다. 이런 행동 패턴은 네이버라고 하는 회사 입장에서는 매우 훌륭한 비즈니스라고 할 수 있다.

포털에서는 사용자를 붙잡고 놓아주면 안 되므로 필요한 정보를 입맛에 맞게 제공해야 한다. 만약 원하는 정보를 찾기가 어렵다면, 사용자들은 해당 포털이 아닌 다른 포털로 이동해버릴 것이다. 그런데 포털에서 모든 콘텐츠를 자체적으로 제공할 수 없으므로 블로그, 카페, 지식iN 같은 사용자들이 자체적으로 생산하는 콘텐츠(UGC)에 일정 부분 의존한다. 블로그나 카페 등에서 운영자가 광고비(애드포스트 등)로 수익을 얻을 수 있는 이유도 여기에 있다. 이 광고비는 포털과 콘텐츠 크리에이터가 공존하면서 수익을 공유하는 관계다.

블로그 글은 기본적으로 HTML로 표현되는 인터넷 문서이며 검색 유입에 의존한다는 특징이 있다. 하루에도 엄청나게 많은 블로그 글이 포털에 등록된다. 그런데 검색 결과에서 보여줄 수 있는 양은 안타깝게도 제한적이며 리스트순으로 보여줄 수 밖에 없는 구조로 설계돼있다. 전체에 100개의 글이 있다고 할 때, 어떤 식으로든 100개의 글을 순서대로 줄 세워야 한다는 뜻이다. 모두가 열심히 쓴 글인데 어떤 글은 1번을 받고 어떤 글은 100번을 받는 셈이다. 이 검색 결과에 대한 공간은 치열한 전쟁터이며 인기 있는 키워드의 경우에는 큰돈이 오가기도 한다. 어쨌거나 우리가 쓴 블로그 글은 어떤 식으로든 평가받고 점수 매겨진다. 이것은 일종의 시험이다. 그렇다면 채점은 누가하는 걸까? 그 주인공은 검색 포털이다.

검색 포털에서는 자체적으로 개발한 알고리즘 등을 이용해 인터넷 문서들을 자동으로 점수화한다. 그리고 이렇게 설정된 점수에 따라 순서대로 검색 결과에 노출한다. 사람이 직접 하는 것은 아니고 자동화된 시스템으로 처리된다. 이때 어떤 문서가 좋고 나쁜지를 결정하는 방식이 로직(Logic)이다. 원래 로직은 논리를 뜻하는 단어로 IT 관련 용어인데 블로그 등으로 인해 알려지면서 지금은 일반적으로 쓰이게 되었다. 특정하게 계산되는 방식에 따라 A라는 문서에는 100점을 주고, B라는 문서에는 50점을 준다. 검색 결과에서는 당연히 A를 상단에 배치하고, B는 그 아래에 배치한다. 이런 식으로 모든 문서에 점수를 주고, 그 점수에 따라 순서대로 배치한다. 이게 검색 포털에서 사용하는 간단하게 표현된 검색 결과 노출 방법이다.

블로그 세계에는 정말이지 말도 안 되는 이상한 소문들이 사실처럼 퍼져있다. 대표적인 몇 가지는 다음과 같다.

- 글을 수정하면 검색 노출이 안 된다.
- 깨끗한 IP 주소로 포스팅해야 한다.
- 마케팅 글을 쓰면 저품질 블로그가 된다.

이외에도 엄청나게 많은 잘못된 소문들이 마치 진실인 냥 사람들 입에 오르내린다. 어떤 분은 이렇게 이야기한다.

"하루에 3,000명씩 들어오던 블로그였는데 협찬 제품 리뷰 글을 몇 번 썼더니 갑자기 방문자가 줄어들어 나중에는 500명 이하로 떨어졌는데요."

물론 이런 현상이 나타날 수 있다. 여기에는 너무나도 많은 변수가 있다. 반대의 경우는 어떨까? 그러니까 오래도록 500명 정도 들어오던 블로그였는데 어떤 글을 썼더니 갑자기 방문자가 3,000명씩 들어오기 시작하는 경우 말이다. 이런 경우는 그럼 고품질 블로그가 된 것인가? 아니면 처음부터 저품질 블로그였다가 어느 순간 저품질에서 탈출한 것일까? 얼마든지 위에서 주장하는 내용에 반대되는 주장이 가능하다. 갑자기 방문자가 많이 들어오는 건 문제없고, 갑자기 떨어지는 것만 문제라고 한다면, 이성적인 대화는 불가능하며 무엇보다 이런 생각으론 아무런 문제도 해결할 수 없다.

로직은 자동화 시스템이지만, 이 로직을 만드는 건 사람이다. 문제는 정확성이다. 문서의 품질을 판단하는 시스템은 세상 모든 것이 그렇듯 완벽하지 않다. 더불어 매우 정교해야 하고 계속 업데이트되어야 하며 실제로 그렇게 진행되고 있다. 로직은 공개되어 있지 않으므로 '테스트해보니까 이렇더라'는 내용은 말 그대로 카더라일 뿐이며 항상 철 지난 방식일 수밖에 없다. 그 테스트가 끝날 때쯤에 로직은 벌써 또 업데이트되어 있다. 따라서 사람들이 이야기하는 '로직'에 대한 내용은 대부분 전혀 사실이 아니다.

더불어 로직은 시의성도 반영해야 한다. 예를 들어 '사과'라고 검색했을 때 나오는 검색 결과에는, 평소에는 사과라는 과일 자체를 설명하거나 맛있는 사과에 대한 리뷰 글이 나오겠지만, 최근 사과에서 이슈가 될만한 문제가 있었다면, 해당 이슈에 대한 글이 먼저 나오는 편이 좀 더 정확한 검색 결과를 반영할 것이다. 이런 시의성과 지속적인 업데이트 부분을 간과하고 천편일률적으로 로직을 계산하는 건 옳지 않다.

이렇듯 검색 결과를 선정하는 방식은 대단히 복잡하며 블로그 세계에 퍼져있는 잘못된 소문들 몇 가지 정도로 때려 맞출 수 있는 무엇이 애초에 아니다. 또한 마치 살아있는 생물처럼 계속 업데이트되면서 바뀌기 때문에 로직에 맞춰 블로그 글을 쓴다는 건 장기적으로 봤을 때 반드시 실패하는 전략일 수밖에 없다.

A의 승률이 51%이고 B의 승률이 49%라고 할 때, 게임을 한 번만 하면 B는 이길 수도 있고 질 수도 있다. 운이 좋다면 세 번 정도는 연속으로 이길 수도 있을 것이다. 그러나 이 게임을 계속하게 되면, 그러니까 100번,

1,000번, 10,000번... 이어서 하게 되면, 결과적으로는 A가 이기게 되고 B는 진다. 여러분이 만약 블로그 세계에 퍼져있는 잘못된 소문들을 믿고, 그런 방법에 따라 포스팅을 한다면 몇 번 정도는 원하는 결과를 얻을 수 있을지도 모른다. 하지만 매번 그런 결과를 얻을 수는 없으며 상식적인 선에서 블로그를 운영하고, 훌륭한 콘텐츠를 위해 신경을 쓴다면, 로직이나 알고리즘 따위는 아예 몰라도 관계가 없다는 게 필자의 주장이다.

독자의 입장과 로직을 만드는 사람 입장에서 생각해보자. 블로그를 검색하는 독자들은 대체로 정상적인 방법을 통해 진솔하게 쓴 블로그 글을 찾고 싶어 할 것이다. 그런 독자들에게 원하는 정보를 얻도록 해주는 게 로직을 만드는 사람의 임무이며 독자들이 해당 포털에서 오래도록 머물도록 해주는 요인이다. 당연히 검색 결과에는 정상적이고 진솔하게 쓴 블로그 글이 더 잘 노출될 수 있게끔 설계할 것이고 실제로도 그렇게 하고 있다. 여러분은 인터넷 검색 결과, 특히 블로그 검색 결과에서 정말 아무런 정보도 없는, 말하자면 알맹이 없는 글을 만난 적이 있을 것이다. 만약 시스템이 완벽했다면 이런 글은 첫 페이지에 노출되지 않아야 한다. 하지만 시스템은 완벽하지 않고, 잠깐 혹은 일정 기간 동안은 아무런 내용이 없는 콘텐츠로 상단이나 첫 페이지에 노출될 수 있다. 하지만 장기적으로 계속 상단에 노출되진 않는다. 알맹이 없는 글을 여러 차례 생산해서 방문자 수를 뻥튀기할 수 있다고 한들, 그걸로 얻을 수 있는 이익은 크지 않다. 이 책 전체를 관통하는 내용, 그리고 콘텐츠 크리에이티브에서 중점을 두어야 하는 건, 독자를 글쓴이의 팬으로 만들어야한다는 것이며, 이 목표를 위해서는 훌륭한 콘텐츠만이 필요할 뿐이다. 만약 여러분이 유용한 정보를 포함한 콘텐츠를 생산했다면, 시간이 조금 걸릴 수는 있어도 언젠가는 독자들에게 검색되고 SNS에서 공유된다. 독자들은 매우 똑똑하며 그들은 원하는 정보라면 어떤 식으로든 찾아낸다.

블로그 운영은 마라톤이며 원하는 결과를 얻기까지 꽤 오랜 시간을 필요로 한다. 블로그를 운영하는 여러분도 블로그를 며칠 만에 그만둘 생각으로 시작하진 않았을 것이다. 잘못된 소문에 집착해서 기술적인 접근을 할 시간에 좀 더 좋은 콘텐츠를 만드는 데 집중한다면 결과적으로 더 나은 성과를 낼 수 있다.

마케팅 글을 쓰면
저품질 블로그가 된다?

　보통 사람들이 이야기하는 저품질 블로그라는 건 포스팅한 블로그 글이 검색순위에서 후순위로 검색되는 현상 또는 아예 검색되지 않는 현상을 뜻한다. 후순위라고하면 대체로 3페이지 이후다. 특수한 경우를 제외하면, 대부분의 독자들이 3페이지 이상 찾아보는 경우는 드물기 때문에 포스팅한 글이 3페이지 이후에 배치되어 있다면, 해당 글을 통한 검색 유입은 줄어들거나 거의 없게 된다. 그러나 이때에도 특정 키워드에서만 3페이지 이후이고 제목과 본문 내용에 따른 검색 결과 혹은 웹사이트 검색 결과에서는 자신의 글이 첫 페이지에 잘 노출되는 경우도 있다.

　일단 저품질 블로그라는 명칭은 정확한 용어가 아니다. 그 어디에도 공식적으로 저품질 블로그라는 게 있다는 걸 인정하는 포털은 없으며 그런 개념이 있지도 않다. 저품질 블로그라는 용어 자체가 사람들이 지어낸 말이라는 의미다. 하지만 이 용어가 탄생한 배경은 어느 정도 일리가 있다.

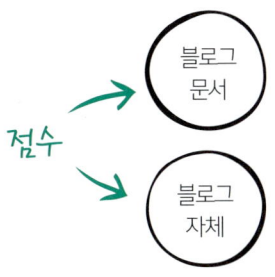

　검색 결과를 노출하기 위한 문서 점수를 계산할 때, 단순히 문서로만 계산하는 것은 한계가 있으므로 오래도록 꾸준히 운영된 블로그 자체에 가산점을 준다면, 계산이 간편해지고 좀 더 정확한 검색 결과를 낼 수 있을 것이다. 예를 들어 음식에 대해 오래도록 블로그를 운영하고 글을 많이 쓴 블로그가 있다고 할 때, 이 블로그에 올라온 새로운 음식 글은 높은 확률로 좋은 문서일 것이다. 반대로 운영기간이 짧은 새로 개설한 블로그나 글이 많지 않은 블로그에 올라온 새로운 글은 좋은 문서일지 그렇지 않은 문서일지 판단하기 어려우며 좋지 않은 문서일 가능성이 있다. 이렇듯 문서로만 계산하는 것보다 블로그 자체에 가산점을 주는 방식은 검색 결과의 정확성을 높이고 더 나은 검색 결과를 보장할 수 있지만, 반대로 완전히 새롭게 올라오는 훌륭한 글을 빠르게 찾지 못한다는 단점도 갖고 있다. 이런 블로그의 특성으로 인해 블로그는 시간이라는 밥을 계속 줘야 하는 플랫폼이다.

　사람들이 말하는 저품질 블로그란, 블로그에 주는 점수가 낮게 평가되었다는 뜻이라고 해석된다. 다시 말해서 그냥 검색이 잘 안 되는 블로그란 의미다. 그런데 모든 블로그의 문서가 '잘' 검색될 수는 없다. 여러분이 쓴 글이 반드시 다른 사람에 비해 더 훌륭하다고 할 수 있나? 그렇지는 않을 것이다.

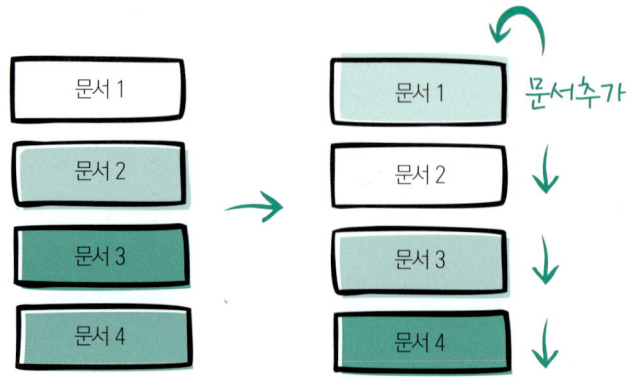

　블로그 글 중 정말 좋은 문서는 소수이며 나쁜 문서는 많다. 검색 결과 순위를 계산하는 과정이라면, 나쁜 문서를 찾아서 뒤에 배치하는 것보다 좋은 문서를 찾아 위로 올리고, 한 칸씩 밀어내는 방식이 좀 더 간편하고 정확할 것이다. 이런 밀어내기 과정에서 상대적으로 나쁜 평가를 받은 문서는 아래로 내려간다. 즉 여러 가지 요인들이 적용되는 알고리즘 계산에서 새로 추가된 문서보다 낮은 점수를 가졌기 때문에 시간이 지날수록 검색 결과에서 뒤로 밀리게 된다. 앞서 이야기했듯 시의성은 콘텐츠에서 매우 중요한 요소다. 똑같은 글이라도 어제 쓴 글보다는 오늘 쓴 글이 좀 더 정확하다고 볼 수 있으므로 더 좋은 점수를 받는 건 당연하다.

　실제로 저품질 블로그가 되었다는 블로그 글을 살펴보면, 대부분의 콘텐츠가 유용하지 않거나 검색을 위해 의도적으로 키워드를 반복하는 등 잘못된, 그리고 정상적이지 않은 포스트가 많다. 물론 어떤 내용이 유용한지는 사람마다 다를 수 있다. 종종 매우 훌륭한 콘텐츠도 검색이 되지 않는 경우도 있지만, 모든 글이 계속 검색이 안 된다거나 블로그 자체가 저품질이 되어 블로그 활동을 도무지 지속할 수 없는 상황은 어지간해서는 발생하지 않는다. 남들과 차별화되는 콘텐츠를 생산할 수 있다면, 나중에는 반드시 검색되고 해당 키워드로 유입을 발생시킬 수 있다. 우리가 계속 생각해야할 부분은 남들과 차별화되는 콘텐츠를 어떻게 하면 만들 수 있느냐지, 포스팅하자마자 자신의 글을 검색해보는 게 아니다.

물론 사용자 입장에서 네이버 검색 결과의 품질 자체가 나쁘다는 사실은 부정할 수 없다. 원하는 검색 결과를 찾기가 어렵고, 아무런 내용도 없는 블로그 글에 접속했다가 실망하는 일이 자주 발생하는 것도 사실이다. 어뷰징이나 매크로 같은 정상적이지 않은 방법을 사용하는 사람들은 어디에나 있으며 이들이 특정 키워드에서 상단을 차지하고 있을 수 있다. 하지만 꼼수를 쓰는 사람이 있다는 사실이 우리가 꼼수를 써야 하는 명분이 되어서는 곤란하다. 최근에는 인공지능 등 기술 발전과 검색 알고리즘 개선이 꾸준히 이뤄지고 있으므로 향후에는 좀 더 나은 검색 결과를 기대해봐도 좋겠다.

블로그와 관련된 잘못된 소문 대부분이 아무런 관계없이 우연히 일어난 일들을 근거로 하고 있다. 마케팅 글을 쓰면 저품질 블로그가 된다는 소문도 까마귀가 날면 배가 떨어진다는 속담과 비슷하다. 검색 시스템은 해당 문서가 마케팅 글인지 아닌지 판단할 수 없다. 여러분이 아무도 모르게 누군가로부터 돈을 받고 포스팅한다면, 그 글은 마케팅 글이 아니다. 적어도 시스템에서는 그렇다. 얼마 전 유튜브에서 이슈가 되었던 뒷광고는 이런 현상을 시스템이 찾지 못한다는 사실을 알려준다. 국내에서는 '공정거래위원회 추천·보증 등에 관한 표시·광고 심사지침'을 통해 대가성 포스팅을 할 경우 '광고'임을 밝히도록 하고 있다. 소비자들의 올바른 선택을 위해서다. 만약 포털 시스템 자체에서 마케팅 글을 찾아낼 수 있다면(정말로 그런 기술이 가능하다면), 애초에 이런 지침은 필요가 없다.

　전문성이 낮은 글은 당연하게도 검색이 잘 안 된다. 오히려 정상이다. 아니, 검색이 잘 되지 않아야만 한다. 예를 들어 여러분이 오래도록 음식과 관련된 글을 쓰면서 독자들과 소통하고 훌륭한 콘텐츠를 생산했다고 해보자. 이런 블로그에 갑자기 화장품에 대한 글이 올라온다면, 이 글은 전문성이 떨어진다고 보는 편이 타당할 것이다. 음식 글은 여전히 검색이 잘 되고 있을지라도, 화장품 글은 검색이 잘 되지 않는다. 사람의 관심사는 다양하다. 음식에도 관심이 많은 동시에 화장품에도 전문성을 갖고 있을 수 있다. 하지만 시스템에서는 그렇게 생각하지 않는다. 왜냐하면 지금까지 화장품에 대한 글이 올라온 적이 없었기 때문이다. 정말 전문성을 갖춘 관심사였다면, 화장품에 대한 글도 이미 많이 있어야 한다. 그렇지 않을 경우 검색은 잘 되지 않는다. 이런 현상을 두고 마케팅 글을 쓰면 저품질이 된다고 주장한다면, 까마귀가 날아야 배가 떨어진다고 주장하는 것과 다르지 않다.

　따라서 마케팅 글을 쓰면 저품질 블로그가 된다는 이야기는 두 가지의 잘못된 사실을 갖고 있다. 마케팅 글을 시스템이 알아챌 수 있다는 잘못된 사실과 저품질 블로그가 있다는 잘못된 사실 말이다.

깨끗한
IP 주소가 필요하다?

블로그 세계에 퍼져있는 잘못된 소문 중에 마케팅 글을 쓸 때 스팸 블로그로 등록되지 않으려면 깨끗한 IP 주소를 가진 컴퓨터에서 글을 써야 한다는 말이 있다. 필자는 블로그에 퍼진 잘못된 소문들 중에서 이 소문이 가장 어이없고 허무맹랑한 이야기라고 생각한다. 이런 말이 왜 퍼져있는지는 그 출처나 배경도 찾기 어렵다. 가령, 저품질 블로그라는 건 블로그 자체에 점수를 부과하는 알고리즘 방식에 이론적 근거를 두고 있기 때문에 소문이 탄생한 배경 자체에는 어느 정도 일리가 있다. 꾸준하게 활동해야 한다는 소문도 사실 전문적인 글을 꾸준하게 쓰면 도움이 되는 건 사실이므로 소문 탄생 배경에는 일리가 있다. 그런데 깨끗한 IP 주소가 필요하다는 소문에는 아무런 근거나 의미가 없다.

일단 깨끗한 IP주소 라는 건 존재하지 않는다. 고정 IP를 쓰기도 하지만, 유동 IP를 쓸 때는 IP주소가 계속 바뀌게 된다. 필자의 사무실도 유동 IP를 사용한다. 유동 IP에서는 어느 정도 범위는 있지만, IP주소가 주기적으로 바뀐다. 블로그를 하는 사람이 만약 카페에서 노트북으로 글을 쓴다면 어떨까? 혹은 10년 만에 다른 지역으로 이사를 했다면? 자연스럽게 IP주소는 바뀌게 된다. 그러나 IP주소가 바뀌어도 블로그에는 아무런 변화가 없다.

　IP주소는 사람으로 치면 주민등록번호 같은 것이다. 여러분이 범죄자가 아니라면, 여권을 발급받거나 은행에서 신분증을 제출할 때 자신의 주민등록번호가 깨끗한지를 생각해 본 적은 없을 것이다. 마찬가지로 블로그를 할 때도 정상적으로 활동하는 사람은 자신의 IP주소를 전혀 신경 쓰지 않아도 되며, 그런 게 있다는 사실조차 몰라도 관계없다.

　깨끗한 IP 주소가 필요하다는 소문은 평소에 마케팅 글을 많이 쓰면, 검색 결과에서 불이익을 받는다는 생각에서 출발한 것으로 보인다. 이런 생각의 뿌리에는 광고는 무조건 나쁘다는 개념이 자리 잡고 있다. 광고는 나쁜 게 아니다. 악의적으로 조작된 광고, 소비자를 기만하는 광고가 나쁜 것이지, 광고 자체에는 선악이란 게 없다. 광고 글이 언제나 나쁜 것도 아니다. 광고에서도 배울 점이 있고, 광고를 보고 좋은 상품을 저렴한 가격에 구매하는 경우도 많다. 그리고 기업은 광고를 통해 제품이나 서비스를 팔고 이익을 내야 한다. 여러분이 일하는 회사가 다 그런 회사들이다. 더불어 여러분이 활용하는 블로그에서는 광고비를 얻고 싶어 하면서 광고 자체를 싫어한다는 건 대단히 모순적인 생각이 아닐 수 없다.

　깨끗한 IP 주소를 얻기 위해 어떤 사람은 PC방에서 블로그를 한다는 이야기를 들은 적이 있다. 어떤 분은 울릉도까지 가서 포스팅을 한다. 만약 지속적으로 악의적인 매크로 포스팅을 계속한다면, 기술적으로 IP주소가 스팸처리 될 수도 있다. 그러나 이 경우에는 확실하게 해당 IP주소가 지속적으로 스팸을 생성한다는 결과가 나왔을 때에만 그렇게 처리된다. 예를 들어 해외의 특정 IP에서 계속 스팸 글을 보내는 매크로 IP는 스팸처리 해야 한다. 출국 금지된 범죄자의 여권 번호를 보고서도 통과시켜줄 수는 없는 법이다.

PC방에서 블로그에 글을 쓴다고 한들, 그 IP가 깨끗한지 아닌지 어떻게 체크할 수 있을까? 깨끗한 IP 주소라는 건 존재하지도 않을 뿐만 아니라 활용할 수도 없다. 정상적인 환경에서라면, IP주소는 블로그 결과에 영향을 주지 않으며, 그런 게 있다는 사실 자체를 몰라도 블로그는 운영하는 데 지장은 없다.

글을 수정하면
검색 노출이 안 된다?

　블로그 세계에 너무나도 강력하게 퍼져있는 사실이 아닌 대표적인 소문으로 글 수정이 있다. 글을 어떤 식으로든 수정하면 검색 노출이 안 된다는 이야기다. 그러니까 처음 발행된 포스트는 절대로 수정해서는 안 되며, 설령 문제가 있다고 하더라도(오탈자 등) 수정하게 되면 검색 노출에 불이익이 있으므로, 그냥 그대로 두라는 조언이다. 하지만 이런 소문 역시 전혀 사실이 아니며 네이버에서도 공식적으로 사실이 아니라고 밝히고 있다.

　이 소문은 사람들에게 너무나도 강력한 인상을 남기는 바람에 결코 반대해서는 안 되는 어떤 성역처럼 여겨지는 것 같다.

　이런 소문의 배경도 필자 나름대로 추측해보았다. 시나리오는 이렇다. '사과'라는 키워드로 상단 노출된 글이 있다고 해보자. 일단 글을 정상적으로 작성해서 블로그 글을 발행한다. 그런 다음 해당 키워드로 상단에 노출된 글임을 확인한 후 글을 수정해서 불법 성인 광고나 불법 도박 내용으로 바꿔치기한다. 이렇게 하면 잠시동안 혹은 일정 기간 동안 '사과'를 검색했을 때 상단에 나오는 검색 결과에 광고를 노출할 수 있으므로 광고를 불특정 다수에게 보여줄 수 있다.

또 다른 방식도 있다. 잘 만든 글 하나를 계속 수정해가면서 실시간 검색어를 추가하는 것이다. 예를 들어 이틀 전 실시간 검색어가 '사과'라면, 사과라는 키워드를 이용해 제목과 내용을 빠르게 반영해서 발행해둔다. 어제 실시간 검색어가 '포도'로 바뀌었다면, '사과'였던 글의 '사과'라는 키워드 전체를 '포도'로 교체한다. 이런 식으로 글 하나에 계속해서 키워드를 바꿔치기하는 방식으로 상단 노출과 방문자 유입을 유지하는 식이다. 실제로 아주 오래전에는 이런 방식이 마케팅 전략처럼 통용되기도 했다. 이런 현상을 방지하기 위해서 포털에서는 글이 수정되면 검색 노출에 불이익을 줄 것이므로, 글을 수정하면 검색 노출이 안 된다는 식이다.

유감스럽게도 요즘에는 이런 일이 거의 없다. 이런 전략은 대단히 오래된, 말하자면 낡은 방식이며 요즘에는 글을 수정한다고 해서 검색 노출에 불이익을 얻거나 하는 경우는 매우 드물다.

어떻게 알았는지는 몰라도, 많은 분들이 블로그 글을 수정하면 검색이 잘 되지 않는다는 이상한 유사 과학을 믿고 오탈자나 잘못된 사진들을 수정하지 못하고 있다. 필자는 이런 사실을 너무나도 안타깝게 생각한다. 시스템이 문서를 파악하는 속도는 대단히 빠르며 사람이 분석하는 것과는 천지 차이다. 따라서 글을 수정한다고 해도 해당 글이 정상적으로 일부분 수정된 것이라면, 검색 결과에 유의미한 영향을 준다고 보긴 어렵다. 문서에 점수를 줄 때, 문서가 수정되었는지 아닌지는 판단 요소가 아니라는 의미다. 문서 전체를 다시 훑어서 계산하면 되는 일을 굳이 수정 여부까지 체크할 필요는 없으니까 말이다.

글을 수정하면 검색 노출에서 제외된다는 건 다분히 정상적이지 않은 방법으로 포스팅할 때뿐이다. 앞서 소개한 시나리오처럼 처음에는 '사과' 글을 써서 발행하고 나중에 광고로 바꾸는, 말하자면 전혀 다른 글로 바꿔치기하는 방법 말이다. 이건 당연히 정상적인 블로그 포스팅이 아니며 독자에게 도움이 될 리도 만무하다. 사과를 검색해서 들어갔는데 불법 성인 사이트 광고 글을 만나는걸 좋아할 만한 사람은 없을 것이다. 따라서 이런 글은 검색에서 아예 제외된다고 해도 할 말은 없다. 검색 노출 로직은 대단히 복잡하며 이런 글을 찾을 수 있도록 정교하게 바뀌고 있으므로 정상적인 환경에서 글 수정은 신경 쓰지 않고 마음껏 해도 된다.

실제 필자는 글을 여러 차례 수정하는 편이다. 직접 썼던 글을 자주 읽어보는 까닭에 오탈자나 문맥이 매끄럽지 않은 부분들을 보완한다. 실제로 독자에게 도움이 되는 글은 이렇듯 잘못된 부분들을 수정한 글일 것이고, 로직을 만드는 사람도 이런 사실을 누구보다 잘 알고 있다. 따라서 글이 단순히 수정되었다고 해서 검색에 불이익을 받는다는 건 너무나도 황당한 일이며 누가 봐도 정상적이지 않다. 만약 글을 수정했을 때 검색이 되지 않는다면, 해당 글이 애초에 검색이 잘 안 될 예정이었던 글이라고 보는 게 타당할 것이다.

최적화
블로그

최적화 블로그라는 단어 역시 저품질 블로그와 반대되는 개념으로 매우 자주 사용되는 용어다. 블로그를 처음 시작하는 분들이나 블로그 경험이 많지 않은 사용자에겐 '최적화 블로그'라는 단어는 대단히 매력적일 수밖에 없다. 일반적으로 이야기하는 최적화 블로그라는 건 검색 노출이 잘 되는 블로그라는 의미일 것이다. 일단 이 최적화 블로그라는 게 왜 생겨났고, 정말 존재하는지에 대해 이야기해보려고 한다.

▲ 구글 검색에서 공식적으로 알려주는 SEO 목차

실제로 설치형 블로그를 운영하면서 구글 등에 자신의 웹사이트를 등록해두는 시스템일 경우 구글 SEO(Search Engine Optimization, 검색엔진 최적화)를 설정할 수 있다. 워드프레스 사이트를 운영하는 경우, 플러그인 형태로 SEO를 손쉽게 설정하는 것도 가능하다. 구글에서 이야기하는 검색엔진 최적화는 반드시 HTML을 수정해야 한다. 그렇지 않을 경우 설정할 수 있는 것이 거의 없다. HTML을 수정하는 부분을 빼고 살펴보면 대체로 상식적인 선에서 지켜야 할 목록들이 나열되어 있을 뿐이다(사이트를 모바일 친화적으로 만들기 등).

앞서 이야기한 것처럼 네이버 검색엔진에서는 좀 더 효율적이고 정확한 검색 결과를 노출하기 위해 블로그 자체에도 점수를 부과하는 방식을 사용한다. 필자의 예상으로 최적화 블로그라는 용어는 '구글 SEO'와 '네이버에서 블로그에도 점수를 주는 방식'이 더해져서 조금 와전되어 전해진 것으로 보인다.

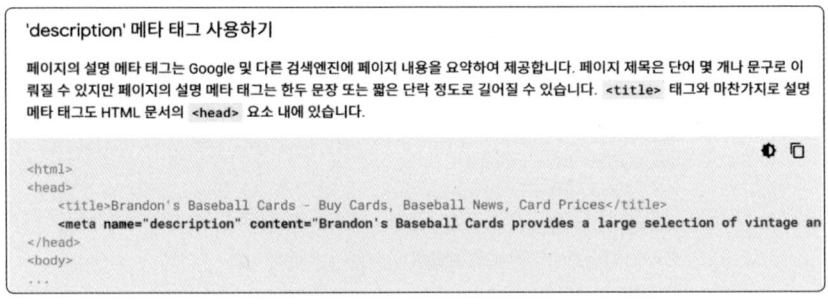

▲ 구글에서 이야기하는 SEO 설정의 예

구글에서 이야기하는 SEO는 검색엔진에게 '내 사이트에는 이런 내용들이 있으니 쉽게 찾을 수 있을거야!'라고 알려주는 것이 기본 개념이다. 예를 들어 HTML의 meta data를 수정해서 검색엔진에서 특정 검색어가 검색되었을 때, 관련된 키워드가 메타데이터에 등록되어 있을 경우 내 사이트를 좀 더 관련성 있게 보여주게끔 설정할 수 있다.

　구글에서는 블로그나 홈페이지를 구분하지 않고 게시물은 모두 웹 문서로 처리한다. 따라서 다양한 주제를 가진 전 세계의 웹 문서들 사이에서 내가 작성한 문서가 상위에 노출되려면 검색엔진 최적화가 반드시 필요하다고 할 수 있다.

　국내에서 대표적으로 운영되는 네이버 블로그의 경우, HTML을 사용자가 직접 수정할 수 없기 때문에 구글 SEO 방식에서 말하는 '최적화'는 애초에 불가능하다. 구글 SEO의 기본 순서가 HTML을 수정해서 해당 사이트가 어떤 정보를 가지고 있는지 알려주는 것이기 때문이다. 따라서 국내에서 활동하는 대부분의 블로거들에겐 최적화라는 개념은 사실은 필요하지 않다. 일반적으로 이야기하는 최적화라는걸 할 수 있지 않을 뿐만 아니라 그런 기능에 접근할 수도 없다. 네이버에서 활동하는 그 어떤 블로그에서도 설정을 손보고 만져서 최적화할 수 없다는 뜻이다.

　최적화 블로그를 사람들이 원하는 이유는 검색이 잘 되는 환경을 바라는 까닭일 것이다. 만약 자신이 운영하는 블로그가 정상적인 범주내에서 검색이 꽤 잘 되는 편이라면, 최적화 블로그에 관심을 가지지는 않을 것이다. 저품질 블로그와 마찬가지로 최적화 블로그라는 것도 대체로 블로그 검색이 잘 되지 않는 사람이 찾아보는 내용이다. 설정을 통해 블로그를 최적화할 수 없다면, 네이버 블로그에서는 어떻게 해야 자신의 포스트를 잘 검색되게 할 수 있을까?

네이버 블로그에서는 보편적인 SEO 방식을 사용할 수 없다. 구글과는 다르게 네이버에서 블로그 글은 블로그 탭(지금은 VIEW 탭)에 노출된다. 방금 개설한 블로그가 검색이 잘 되지 않는 이유도, 검색엔진이 해당 블로그가 어떤 분야에 전문성을 갖고 있는지 알 수 없기 때문이다.

정답은 콘텐츠다. 네이버 블로그에선 이 방법 외에는 그 어떤 방법으로도 블로그를 최적화할 수 없다. 웹 문서의 기초 자료가 되는 HTML을 수정할 수 없기 때문에 사용자가 할 수 있는 일은 훌륭한 콘텐츠를 꾸준하게 생산하는 방법뿐이다. 가령, 여러분이 맛집에 대한 글을 100개 정도 꾸준하게 썼다면, 검색엔진 입장에서 봤을 때 여러분 블로그는 맛집 콘텐츠를 주력으로 다루는 블로그일 것이다. 여러분이 3년 동안 해외여행에 대한 소중한 정보를 사람들과 나누고 있었다면, 검색엔진에서 여러분은 해외여행 콘텐츠에 적합한 블로그다. 네이버에선 이 방식이 전형적인 SEO 방법을 대체한다고 볼 수 있다. 따라서 어느 정도 제한적인 주제에 전문성을 갖춘 양질의 콘텐츠를 꾸준하게 발행해야 한다. 그래야만 일반적으로 이야기하는 SEO 성격의 최적화(검색엔진에게 내 블로그가 어떤 성격인지 알려주는)를 할 수가 있다.

블로그는
꾸준하게 활동해야 한다

    어떤 플랫폼에서든 꾸준하게 활동하는 건 대단히 중요한 요소다. 블로그에서 꾸준하게 활동한다는 건, 글을 꾸준하게 쓴다는 의미로 볼 수 있다. 정상적인 방법으로 꾸준하게 활동한다면, 글 개수는 늘어날 것이고 당연히 콘텐츠도 더 개선된다. 블로그 운영이 능숙해진다면, 블로그에 투자하는 시간은 줄어들고, 하나의 콘텐츠를 만들 때의 속도는 더 빨라진다. 그러면 남는 시간에 더 많은 콘텐츠를 만들거나 더 품질 좋은 콘텐츠를 만들 수 있다. 혹은 더 중요한 일에 시간을 투자할 수도 있다. 매번 강조하지만, 우리 삶에는 콘텐츠 플랫폼보다 더 중요한 일들이 많다. 필자는 블로그가 여러분의 삶에서 굉장히 중요하다는 이야기를 계속하고 있지만, 가족과의 오붓한 식사 시간이나 사랑하는 사람의 생일날에도 블로그에 신경 쓰는 건 추천하지 않는다. 여러분에게 블로그가 아무리 중요하다고 한들, 사랑하는 사람의 생일파티 테이블에서 스마트폰으로 블로그의 통계를 확인하거나 댓글을 다는 일은 하지 않길 바란다.

블로그 세계에는 전설적으로 전해지는 속담이 있다. 바로 '1D1P'. 하루에 하나씩 포스팅하는 행동, 그러니까 1일 1포스팅을 하는 작업이다. 꾸준하게 활동하는 것과 1일 1포스팅은 다르다. 꾸준하게 활동한다는 건 자기만의 리듬으로 블로그를 운영하는 방식이다. 가령, 매주 토요일 11시에 글이 올라오는 식이다. 예약발행 기능을 활용하면 정해진 시간에 업데이트 할 수 있다. 일주일에 하나의 글을 쓰더라도 전문적이고 차별화되면서 알찬 글을 쓸 수 있다면, 결과는 1일 1포스팅보다 더 나을 수밖에 없다. 글 개수는 블로그에서 의미 있는 요소이지만, 퀄리티 낮은 글이 무작정 많다고 해서 천하무적이 되는 것은 아니다.

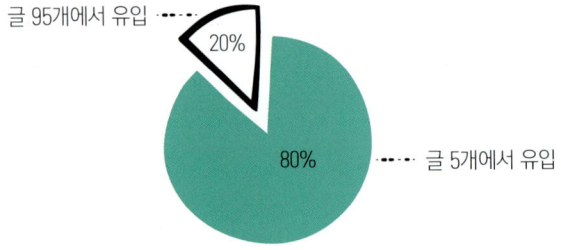

실제 블로그에 유입되는 방문자 수의 80% 이상이 잘 쓴 글 몇 개에서 창출된다. 나머지는 거의 검색되지 않거나 아예 방문자 유입이 없다. 즉, 여러분의 블로그에 글 100개가 있고 하루 방문자가 100명이라면, 글 하나당 1명이 방문하는 것이 아니라, 글 5개에 80명이 방문하고 나머지 글 95개에 20명이 방문한다는 것이다. 꼭 파레토의 법칙을 몰라도, 블로그 통계만 보면 알 수 있다(수치는 설명을 위한 예시). 따라서 우리가 해야 할 일은 방문자를 많이 몰고 올 수 있는 차별화되고 잘 정리된 글을 '꾸준하게' 생산하는 것이다. 아무런 의미 없는 일상 글 올려봤자 방문자 유입되지 않는다. 필자는 일상 글을 단순 기록용으로는 추천한다. 기록도 나중에 유의미하게 쓸 수 있다. 생각이나 기억은 시간이 지날수록 흐려지기 때문이다. 그러나 기록용이 아닌 방문자 유입이 목적이라면, 추천하지 않는다.

블로그를 꾸준하게 활동해야 한다는 이야기가 퍼지면서 사람들은 전문성 있는 글보다는 단 하루도 쉬지 못하고 매일 일상 글이라도 올려야 한다는 압박을 받는다. 그러니까 전문가들이 활동하는 회사 공식 블로그와는 아무 관련도 없는 배달음식 포스팅이 올라오는 것이다. 실제로 매일 쓰는 건 도움이 된다. 단, 그 콘텐츠가 전문성을 가진 주제에 적합할 때의 이야기다.

우리가 블로그 글의 소재로 쓸 수 있는 주제는 제한적이며 무한하지 않다. 그 누구라도 계속 쓰다 보면 언젠가는 소재가 고갈된다. 이건 모든 콘텐츠 플랫폼에 공통적으로 적용되는 요소다. 정상적인 방법으로 꾸준하게 활동한다면, 좋은 글을 단기간에 많이 쓰는건 어렵다. 왜냐하면, 대부분이 사람들이 일상에서 '블로그만' 하진 않기 때문이다. 출근도 해야 하고, 밥도 먹어야 하고, TV도 봐야 하고, 잠도 자야 한다. 정상적인 환경에서 훌륭한 콘텐츠를 매일 생산하는 건 대단히 어려운 일이며, 실제 이런 일이 가능하다고 해도 필자는 권장하지 않는다. 번 아웃 되기 싫다면 말이다. 전문성도 없고 의미도 없는 글을 매일 쓰는 건 생산적인 방법이 아니다. 우리가 블로그에 투자할 수 있는 시간이 제한적이라는 사실은, 같은 기간에 글 개수가 늘어날수록 글의 퀄리티는 떨어진다는 걸 상징한다.

어떤 블로그라도 주력하는 주제는 있다. 여러 가지 주제를 동시에 다루는 블로그에도 메인으로 밀고 있는 주제는 있기 마련이다. 방문자가 가장 많이 들어오는 주제는 정해져 있다. 너무나 당연하게도 주력하는 주제의 포스팅이 검색 결과에 좋은 영향을 준다. 반대의 경우, 나쁘다기보다는 별로 도움이 되지 않는다. 따라서 여러분의 시간에 여유가 있다면, 글을 많이 쓰는 건 좋은 방법이다. 시간이 여유롭지 않다면, 하나의 글을 쓰더라도 확실하게 자신만의 색깔을 보여줄 수 있는 콘텐츠를 만들어내야 한다. 이 작업을 꾸준하게 하라는 이야기다. 반드시 방문자 숫자만이 블로그의 성과를 나타내지 않는다는 사실을 기억하시길.

블로그를 장기간 관리하지 못할 경우, 나중에 되돌아왔을 때 검색이 잘 되지 않을 수 있다. 오래도록 블로그에서 멀어져 있었다면, 블로그에 주어졌던 점수는 떨어진다. 하지만 다시 활동을 시작해서 열심히 운영한다면, 다시 높은 점수를 얻을 수 있다. 여러분의 블로그 자체의 점수는 올랐다가 떨어졌다가를 반복한다. 진짜 중요한 건 자신이 가지고 있는 콘텐츠 제작 능력이다. 이 능력은 사라지지 않는다. 한번 익힌 콘텐츠 제작 능력은 오래도록 가져갈 수 있다. 만약 이 능력만 갖추고 있다면, 여러분은 블로그뿐만 아니라 SNS나 유튜브 등 그 어떤 플랫폼에서도 자신만의 색깔을 내면서 원하는 성과를 낼 수 있다. 우리가 블로그를 꾸준하게 운영하는 것도 이런 능력을 키우고 유지하기 위해서다. 여러분이 좋아하는 인플루언서들 대부분이 다른 SNS에서도 성과를 냈거나 내고 있는 사람들이다. 그러니까 블로그에서 성공적인 결과를 냈던 사람은 다른 플랫폼에서도 비슷한 결과를 낼 수 있다는 뜻이다. 사람들이 무엇을 좋아하는지 본능적으로, 감각적으로 알고 있기 때문이다.

여러분이 정말로 블로그를 통해 삶에서 유의미한 성과를 내고 싶다면, 콘텐츠 제작 능력만큼은 지켜내야 한다. 이건 마치 운동과도 같다. 하루에 8시간 운동하고 7일 쉬는 것보다 8일 동안 1시간씩 운동하는 게 더 좋다는 사실에는 이견이 없을 것이다.

하루에 한 번씩 매일 포스팅하는 건 낡은 방식이다. 억지로 쓴 블로그 글이 실제 도움이 되는 일은 거의 없다. 좋은 콘텐츠 하나 VS 그저 그런 콘텐츠 10개의 승부에선 결과적으로 좋은 콘텐츠가 이긴다. 꾸준하게 활동해야한다는 조언은 일견 타당하다. 대신 조건이 붙는다. 자신만의 색깔을 낼 수 있는 콘텐츠에 한해서 그렇다. 자신의 주력 주제와 전혀 관련 없는 포스팅은 검색이 잘 되지 않을 뿐만 아니라 시간 관리 측면에서도 옳지 않다. 무엇보다 기존에 여러분의 글을 좋아했던 구독자들에게도 좋은 경험을 주진 않을 것이다. 차라리 그 시간에 새롭게 작성하는 주력 포스팅에 집중하는 게 낫다.

콘텐츠를 자산으로 활용하기

　여러분이 작성한 블로그 콘텐츠는 자산이 되어야 한다. 콘텐츠는 자산이 될 수 있고 반드시 그렇게 해야 한다. 콘텐츠는 자산이 되어야 가치를 지닌다.

　콘텐츠는 실물이 존재하지 않는다. 단순한 데이터일 뿐이다. 만질 수 없고 냄새도 없다. 그러나 콘텐츠가 시각적으로 볼 수 있는 결과물이 된다면, 실물은 없어도 개념적으로는 존재하는 것이 된다. 그러므로 자산화할 수 있다. 저작권은 실물 없는 자산의 대표주자다.

　여러분이 작성한 글을 비롯해 사진과 동영상 등 결과물로 나오는 콘텐츠는 반드시 자산화해야 한다. 콘텐츠를 제작할 때 시간이라는 매우 소중한 자원이 투입되기 때문이다. 콘텐츠는 곧 시간이며 블로거뿐만 아니라 모든 콘텐츠 제작자에겐 시간이 곧 돈이다. 따라서 우리는 콘텐츠를 만들 때 좀 더 효율적으로 작업하고 프로세스를 최적화할 필요가 있다. 어떤 사람은 블로그 글 한 편에 2시간이 필요하지만, 능숙한 사람은 15분이면 충분하다. 생산성이 증가하면, 같은 시간에 콘텐츠를 더 많이 만들 수 있고, 그러면 더 많은 자산을 확보할 수 있다.

　콘텐츠를 자산화한다는 건 무슨 뜻일까? 제작한 콘텐츠 결과물을 통해 뭔가를 얻어낼 수 있게끔 만들어야한다는 뜻이다. 이익은 현금이 될 수도 있고, 명성이나 비즈니스 기회가 될 수도 있으며 씨앗 글처럼 책의 원고 중 일부가 될 수도 있다. 다이어리에 생각을 정리하는 습관은 나쁘지 않지만, 그걸 블로그에 써서 콘텐츠화 한다면, 장기적으로 훨씬 더 유리한 입장에 설 수 있다.

콘텐츠 시대에는 숨어서 살 수 없다. 언젠가는 자신을 드러내야한다. 이건 부끄럽고 쑥스러운 일이지만, 자신을 노출하고 관심받는 것에 목마른 사람에겐 오히려 좋은 기회를 제공한다. 자기 PR 시대라는 말은 오래전 이야기다. 이제 자기 PR은 기본이다.

콘텐츠를 자산화하려면, 결과물이 매력적이어야 한다. 매력적인 결과물은 그 콘텐츠를 만든 사람, 그러니까 콘텐츠 제작자를 매력적으로 보이게 만든다. 실제로 매력적인 사람이 매력적인 콘텐츠를 만드는 경우가 많다. 첫인상은 콘텐츠 결과물이지만, 도착지는 사람이다.

모든 콘텐츠는 어떤식으로든 팔아야 하는 상품이다. 따라서 여러분의 블로그는 독자를 비롯해 예비 고객과 마케팅 담당자의 눈에 들어야하고, 그들에게 구매하고 상품처럼 여겨져야 한다. 필요하지 않고, 매력적이지도 않은 상품을 구매하는 소비자는 없다. 결국 블로그 글은 누군가에게 필요한 정보를 제공하거나 뭔가를 아주 세련된 방식으로 소개해야한다.

언제나 여러분을 원하는 사람이 많으면 많을수록 유리하다. 영원히 노동수입에만 의존할 수는 없는 일이다. 일을 열정적으로 할 수 있는 기간은 제한적이다. 미래를 생각하면, 지금부터 열심히 콘텐츠를 자산화 해둬야 한다.

이 책 전체를 관통하는 메시지는 여러분이 가진 경험, 기술, 실력, 상상력, 재능 등을 총동원해서 콘텐츠를 만들고, 그 콘텐츠를 자산화하라는 것이다. 콘텐츠는 여러분이 원하는걸 얻도록 해준다. 이제 여러분의 시간을 콘텐츠라는 자산으로 바꿀 때다.

| BLOG | [부록] 블로그를 예쁘게 꾸밀 수 있는 다양한 도구들 ▼ 🔍 |

블로그용 움짤(gif) 제작 툴

포토스케이프

- http://photoscape.co.kr

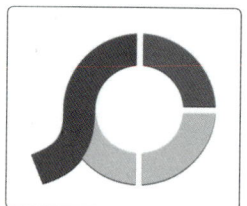

포토스케이프(PhotoScape)는 국내 개발사에서 만든 사진 편집 프로그램이다. 한글 메뉴와 간단한 사용법으로 누구나 쉽고 재미있게 사진을 편집할 수 있는 것으로 유명하다. 사진 편집뿐만 아니라 GIF 애니메이션 메뉴를 통해 사진을 이어 붙이는 방식으로 간편하게 gif를 만들 수 있다. 윈도우 10 운영체제와 애플 맥(Mac)에서는 포토스케이프 X를 사용해야 한다.

ezgif

- https://ezgif.com

사이트 이름처럼 손쉽게 gif를 만들 수 있는 사이트다. 별도의 프로그램 설치 없이 웹사이트 상에서 gif를 간편하게 만들 수 있을 뿐만 아니라 동영상을 gif로 변환하는 기능도 갖추었다.

imgplay

- 앱스토어(플레이스토어)에서 imgplay 검색

스마트폰에서 gif를 만들 때 유용한 스마트폰 앱이다. 모바일에서 포스팅할 경우 유용하며 사용법도 쉬워서 많은 블로거가 애용하는 gif 편집기다.

블로그 타이틀과 썸네일 이미지 제작 툴

망고보드

· https://www.mangoboard.net

블로그 타이틀 이미지나 썸네일 이미지 등 디자인 요소가 가미된 이미지를 제작할 때 유용하게 쓸 수 있는 사이트다. 사이트에서 제공하는 템플릿이나 다양한 그래픽 요소들을 이용하면, 클릭 몇 번으로 이미지 디자인이 가능하다. 트랜디한 디자인의 템플릿을 많이 볼 수 있다. 무료로 사용할 경우 워터마크가 들어가며 작업 저장 개수가 10개로 제한된다.

미리캔버스

· https://www.miricanvas.com

워터마크없이 무료로 쓸 수 있는 이미지 제작 사이트다. 간편한 회원가입만으로 모든 기능을 이용할 수 있으며 템플릿을 이용하면 예쁜 디자인의 썸네일을 간편하게 만들 수 있다.

블로그용 동영상 편집 툴

키네마스터(Kinemaster)

스마트폰용 영상 편집 앱 중에서 가장 유명한 프로그램으로 많은 사용자들이 쓰는 앱이다. 동영상을 편집하는 방법이 전문가용 편집 프로그램과 흡사해서 확장성이 높은 편이다. PC 버전에 버금가는 다양한 기능들을 갖추어서 유튜브용으로도 손색없다. 광고를 보는 조건으로 유료 기능을 무료로 쓸 수 있다. 단, 무료로 사용할 경우 결과물에 워터마크가 들어간다.

블로(VLLO)

동영상 편집 방법이 간소화 되어 있는 스마트폰용 앱이다. 고급 기능보다는 간편하게 편집한 후 동영상을 활용하고 싶을 때 추천할만하다. 무료 동영상 편집 앱이지만, 결과물에 워터마크가 없는게 특징이다.

비타(VITA)

다양한 템플릿으로 누구나 간편하게 예쁜 동영상을 만들 수 있는 앱이다. 인스타그램 스토리, 피드, 틱톡 등 전용 템플릿이 많으며 세로 영상 템플릿도 다양하게 갖추고 있다. 네이버 블로그에서 쓸 수 있는 모먼트 기능은 세로 영상에 적합하므로 모먼트에는 세로 영상을, 블로그 본문에는 가로 영상을 사용하면 알맞다.